LA LEYENDA DE EL DORADO

Y OTROS MITOS DEL DESCUBRIMIENTO DE AMÉRICA

LA LEYENDA DE EL DORADO

Y OTROS MITOS DEL DESCUBRIMIENTO DE AMÉRICA

CHRISTIAN KUPCHIK

nowtilus

Colección: Historia Incógnita
www.historiaincognita.com

Título: La leyenda de El Dorado y otros mitos del descubrimiento de
América.
Autor: Christian Kupchik

Editor: Santos Rodríguez
Coordinador editorial: José Luis Torres Vitolas

Diseño y realización de cubiertas: Florencia Gutman
Diseño de interiores y maquetación: Ana Laura Oliveira

ISBN: 978-84-9763-546-2
Fecha de edición: Octubre 2008

Printed in Spain
Imprime: Graphycems
Depósito legal: NA-2727-2008

A mis hijos,
Kim, Miki, Chiara.
Por los prodigios a descubrir.
Por las utopías a conquistar...

Fue maravilloso descubrir América,
pero hubiera sido más maravilloso no encontrarla.
MARK TWAIN

Si quitáramos la ambición y la vanidad
¿dónde quedarán los héroes y los patriotas?
SÉNECA

Índice

Introducción

Huellas de lo imposible

Desde siempre, el hombre ha sido un eterno buscador de quimeras. En sus afanes, cada encuentro con lo imposible lo conducía hacia nuevos laberintos y, al no tener mayores explicaciones para comprender lo nuevo, no le quedó más remedio que recurrir al mito.

Muchos de esos mitos han ido creciendo al punto de formar un territorio sólido en las cartas de la historia, incluso trasladando coordenadas espaciales por las derivas del tiempo, sin importar demasiado criterios de verosimilitud o razón.

De esto tampoco estuvo exento el contacto con el Nuevo Mundo, que se abría como una flor carnívora a todo tipo de especulaciones y sorpresas.

Los europeos no podían aplicar la métrica de la razón para señalar lo desconocido, y en consecuencia se entregaron a repetir las fórmulas de antiguas leyendas que, en la nueva realidad, encontraban una encarnadura que sobrepasaba a la que le había dado vida.

Cuando en los oscuros siglos de la lejana Edad Media el ensueño de la Atlántida se desvaneció entre las sombras que envolvían los estudios clásicos, comenzó a adivinarse en el fondo del océano tenebroso una isla fantástica y jamás visitada que en las cartas antiguas recibe el nombre de Antilia. Quizás, en consecuencia, no haya que imaginar la Atlántida como un mito, sino como una verdad olvidada.

Ya Platón, tanto en el *Timeo* como en *Critias*, imaginó sociedades ideales para exponer en ellas sus enseñanzas. El hombre, entonces, necesita siempre de otro espacio. Desde siempre se pudo presumir más allá de los límites occidentales del Atlántico la existencia de una civilización oriental.

Las ideas pitagóricas sobre la esfericidad de la Tierra, así como las de Tales de Mileto y las relaciones comerciales que desde antiguo Europa mantuvo con China y la India por intermedio de los fenicios, los árabes y los egipcios, favorecen esta hipótesis.

Si se observa con detenimiento el derrotero de Hippalo descrito por el alejandrino Arriano en el *Periplo del Mar Rojo*, con el cual comenzaron a comunicarse con la India tanto griegos como egipcios, así como también los viajes de Ctesias de Cnido (siglo V a.C.), de Xenofonto y Alejandro Magno, y el *Astonomicon*, de Manlio, se observará que más allá de defender la existencia de países y pueblos antípodas en las profundidades de Asia, muchas de las criaturas o estados descritos volverán a aparecer (quizás algunos levemente metamorfoseados) en las crónicas de los franciscanos medievales primero, que salieron en busca de los imperios de los Khanes en la lejana Tartaria, en las de Marco Polo después, y finalmente en las de los conquistadores del Nuevo Mundo.

LOS VÉRTIGOS DE LA IMPOSTURA

Los vínculos entre la aventura viajera y la literatura resultan tan antiguos como la propia idea de ficción. García Gual señala que tanto en los viajes como en el amor están los fundamentos primarios de la novela, y para ilustrarlo utiliza los antecedentes que van de Ulises a Alejandro.

En su justificación, el crítico español señala con acierto que:

> ...la novela surge como literatura de evasión de un tiempo sin ideales. En el fondo, la apertura de esa novela hacia lejanías y vagos horizontes, invita a la huida de la realidad. Fuga de lo cotidiano hacia el pasado, en la novela histórica, o en el espacio, como el Egipto de Heliodoro o la Babilonia de Jámblico... [i]

En este mismo sentido, conviene considerar también las razones de Franz Altheim, que refuerzan la idea de la naturaleza común entre viaje y literatura como posibilidad de fuga:

> Lo borroso e inconcebible, lo peligroso, lo dudoso e inseguro se exterioriza, en primer término, en la novela, en el dominio psíquico. Pero no solamente el alma está dispuesta a vagar por espacios ilimitados. Donde prevalecen el elemento nómada, el destierro y el desarraigo, el viaje se justifica incluso en el sentido geográfico. La experiencia viajera convierte en espacio la atmósfera que domina la novela. Los protagonistas son empujados no solo de un peligro a otro, sino también de un lugar a otro. Viajar significa carecer de nexos; es la forma libre de vivir, si cabe llamarlo así. Por lo tanto, lo proteico de la novela tiene que expresarse por medio del viaje. [ii]

Esa forma proteica a la que alude Altheim y que subyace en toda novela, encontrará en la impostura su mecanismo expresivo

---

[i] García Gual, C: "Los orígenes de la novela". Madrid, Istmo, 1972.

[ii] Altheim, F: "Visión de la tarde y la mañana". Buenos Aires, Eudeba, 1965.

más eficaz. Y en ciertos casos, ni siquiera resultó menester apelar a la traslación para demostrarlo.

Uno de los ejemplos más tempranos es proporcionado por Sir John of Mandeville, cuyo libro de viajes concebido en 1360 fue un clásico del Medioevo, e incluso se afirma que afamados navegantes lo utilizaron como referencia en sus travesías.

Escrito con un estilo que tres siglos más tarde merecería el elogio del doctor Samuel Johnsond. Se relata un largo periplo a Oriente y se da cuenta de las maravillas que allí se encuentran. Los *Viajes de Mandeville* constan de dos partes. La primera es un itinerario a Tierra Santa, una especie de guía turística para peregrinos. La segunda es la descripción de un viaje a Oriente, que va tocando islas cada vez más lejanas, hasta la India y Catay. El libro termina con la descripción del paraíso terrenal y de las islas que costean el reino del legendario sacerdote Gianni.

En realidad, este supuesto aventurero y marino inglés, no habría sido otro que el francés Jean de Bourgogne (Saint Albans, 1300-Lieja, 1372), un impostor sumamente dotado para la prosa que se valió fundamentalmente de la *Relación de viaje* de fray Oderico da Pordenone para recrear uno de los mayores textos de viaje de la historia sin salir de su morada.

En su libro *El queso y los gusanos*, el historiador italiano Carlo Ginzburg señala que el texto original de los *Viajes de Sir John de Mandeville* está en francés y fue escrito probablemente en Lieja, a mediados del siglo XIV, aunque no dice por quién.

> Los Viajes –apunta Ginzburg– son en esencia una recopilación basada en textos geográficos o en enciclopedias medievales como la de Vicenzo de Beauvais. Tras una vasta circulación manuscrita, la obra pasó por diversas ediciones impresas, en latín y en las principales lenguas europeas.

Lo que realmente interesa, en este caso, es la forma en que trascendió y sobrevivió, ya como testimonio de viaje (aun fraguado), pero también como artilugio literario.

Antes de convertirse en un "hecho", el viaje puede existir independientemente de la realidad bajo la forma de relatos "verídicos". Mediante algunas precauciones, el viaje cobra existencia primero como idea, luego como un guión cuyo desarrollo puede encontrar forma en la realidad y, tal como sucede con las matemáticas, llegar a configurarse en un lenguaje independiente de la experiencia. Basta con pensar en la "exploración" de los confines del mundo conocido por Herodoto, un más allá donde solo se aventura aquel que relata.

¿Qué significa, a fin de cuentas, un "viaje real"? ¿El triunfal desplazamiento de un cuerpo en el espacio con un destino fijo por recompensa? ¿Acaso no es en la realidad de ese movimiento, ya como hipótesis o memoria, proyecto o recuerdo, donde se concreta el viaje? Inevitablemente, procedemos a la puesta a punto de una experiencia, sin importar que esta sea real o imaginaria.

Entre los navegantes que atesoraban como referencia el libro de Mandeville –además de las *Etimologías*, de San Isidoro y la *Historia natural* de Plinio el Viejo– se contaba nada menos que Cristóbal Colón. Y el propio almirante, convencido de haber arribado a las Indias, certificó lo expresado por la imaginación de Mandeville.

En los años que precedieron y sucedieron al hallazgo de Colón, muchos otros aventureros se lanzaron a la búsqueda de la Antilia primero, El Dorado después, y tantas otras urbes fantasmas como islas imaginarias poblaban el oeste del océano. Y cuanto más ilusos se sentían, con más empeño doblegaban la apuesta. Aquellos territorios fantásticos no eran un mito. Hacía siglos que el presagio de América y sus ocultas maravillas punzaba el alma de los marinos.

Colón habría sido un entusiasta más de la florida Antilia. Y no obstante, hoy sabemos que los móviles de su exploración del océano y del mundo fueron otros: la búsqueda del Oriente por Occidente. Sus lecturas ayudaron a fortificar la creencia en otras tierras que abundaban en maravillas. [iii]

López de Gomara lo expresa con claridad en su *Hispania Vitrix:*

> Quieren también otros, porque no todo lo digamos, que Cristóbal Colón fuese buen latino y cosmógrafo, y que se movió a buscar la tierra de las antípodas y la rica Cipango (4) de Marco Polo, por haber leído a Platón en el Timeo y en el Critias, donde habla de la gran isla de Atlante y de una tierra encubierta mayor que Asia o África; y a Aristóteles o Teofrasto en el Libro de las Maravillas, que dice como ciertos mercaderes cartagineses, navegando del estrecho de Gibraltar hacia Poniente y Mediodía, hallaron, al cabo de muchos días, una gran isla despoblada, empero ricamente proveída y con ríos navegables.

El sueño de ese Oriente rebosante de riquezas e infinitas maravillas pudo haber exaltado la mente del almirante, como de tantos otros hombres que luego le siguieron.

En Europa, mientras unos creían en el descubrimiento de la India por el Occidente y otros lo desechaban, había un Nuevo Mundo que se levantaba ajeno a las creencias o desconfianzas. Nadie ponía en duda el hallazgo de la Antilia misteriosa, aquella isla fabulosa rebosante de tesoros que solo figuraba en las mentes febriles de los visionarios y en las de los cartógrafos medievales. Había sido descubierta una ficción, y su nombre aún perdura.

[iii] Además de los textos citados, se sabe que Colón consultaba la *Geografía de Ptolomeo*, el *Ymago Mundi*, de Pierre d´Ailly; una edición latina de *El libro de las Maravillas*, de Marco Polo, y las *Vidas,* de Plutarco.

(4) Nombre antiguo que se le daba al Japón.

La obsesión del Asia y el Oriente clásico creó espejismos e hizo ver falsas apariencias. Los mitos y leyendas de los autores griegos y latinos vieron su imagen especular en América, por la convicción de que aquella tierra era la India y merecía ser explicada con la autoridad de los antiguos sabios.

Así surgieron los principales mitos de la conquista: las siete ciudades encantadas de Cibola, las amazonas, los gigantes y caribes, la sierra de la Plata...

La ilusión del oro, que desde el primer viaje de Colón acompañó siempre todas las visiones maravillosas y todos los ensueños de los conquistadores del Nuevo Mundo, creó, entre los vestigios y reminiscencias de las civilizaciones destruidas, la quimera más deseada, el arcano más hechicero: El Dorado.

Capítulo I

Gigantes, pigmeos y caribes

En el conjunto de seres fabulosos que abonan los mitos, ninguno parece tener una presencia mayor y tan antigua como los gigantes. Presentes ya en la Biblia, la *Teogonía* de Hesiodo y los mitos romanos, perduran durante la Edad Media en los mapas y relatos maravillosos a los rincones más remotos del planeta, y vuelven a reproducirse en los albores del descubrimiento de América.

El *Deuteronomio*, el *Libro de los números* y el *Libro de Josué*, dan cuenta de los gigantes a quienes los israelitas debían exterminar. El *Génesis*, alumbra sobre el origen de estos seres prodigiosos como fruto de la unión entre los hijos de Dios con las hijas de los hombres. En el *Libro de los reyes* hallamos al tristemente célebre Goliat, derrotado por el pequeño David a pesar de sus seis codos y

"David y Goliat" de Miguel Angel Caravaggio.
La mítica historia del gigante Goliat derrotado
por un certero golpe del rey David trascendió
los tiempos y llegó a nuestros días.

un palmo. Aunque no llegaba a igualársele al increíble Og, rey de Basan, quien llegó a los nueve codos y un palmo.[1]

Mucho después de estos tiempos míticos, Henrión publicó en 1718 una suerte de escala cronológica, según la cual Adán debió de superar los cuarenta metros, y así seguía descendiendo, hasta llegar a Alejandro el Grande, a quien se le atribuían seis metros. En el preludio de su *Teogonía*, Hesiodo describe a las musas cantando primero el nacimiento de los dioses, y luego el de los hombres y los gigantes. Según el autor, Gea dio a luz a las Erinias, los gigantes y las ninfas Melias, impregnada por las gotas de sangre que cayeron sobre ella al ser mutilado Urano por su hijo Kronos.

---

[1] Cf. Garnier, Edouard: *Enanos y gigantes*. Biblioteca de Maravillas. Barcelona, 1886.

Apolodoro refiere a la historia de la lucha de los gigantes contra los dioses apoyados por Hércules.

No obstante, convendría no confundir a los titanes (gigantes hijos de Urano y Gea) con los cíclopes, precipitados por Kronos en el Tártaro y liberados por Zeus. Los cíclopes dieron el trueno y el rayo a Zeus para que venciera a los titanes y los encerrara en una caverna de las profundidades. Los titanes, en consecuencia, son dioses, en tanto que los gigantes deben resignarse a su condición de mortales, aunque ambos proceden de la unión entre el Cielo y la Tierra. En su *Tristias*, Ovidio afirma que Gea, indignada por el destino de sus hijos anteriores, los titanes, engendró sola a los gigantes, seres monstruosos e inconquistables con temibles rostros y colas de dragón.

LA ISLA DE LOS GIGANTES

De todos modos, cuando el mundo amplió sus horizontes, fue factible hallar nuevas presencias de estos seres hechos de altura en innumerables latitudes. En el afamado atlas catalán trazado en Mallorca en 1375 y confeccionado para el rey Carlos V de Francia, figura al sudeste de Asia la illa Tropobana: ... "(presumiblemente Ceilán) derrera de Orient. En alguns muntes de aquesta illa ha homens de gran formaço es de XII coldes axi como a gigants..." La mencionada isla Taprobana se encuentra también en varios otros mapas, como por ejemplo el de Behaim. El propio John of Mandeville, entre los hechos sorprendentes que refería haber visto durante su supuesta estadía al servicio del Gran Khan de Cathay, mencionaba tierras de pigmeos y gigantes.

La creencia de que las tierras a conquistar estaban pobladas por seres deformes y extraños comenzaría rápidamente a ser generalizada y aceptada como una realidad inquebrantable, al punto de

Américo Vespucio fue por mucho tiempo el nexo entre América y el Viejo Continente. Sus narraciones sobre el Nuevo Mundo impresionaron fuertemente las fantasías de los europeos.

que la no visión de criaturas amorfas llamaba a la sorpresa a los aventureros del Nuevo Mundo.

"En estas islas, hasta aquí no he hallado hombres monstrudos como muchos pensaban…", escribió un atónito Colón a los reyes Católicos desde Lisboa, al regresar del primer viaje, en 1493.

Y no obstante, los primitivos mapas americanos no reprimían la presencia de una isla de los Gigantes (como ejemplos, basta con recurrir al de Cantino, hecho en Lisboa en 1502, o el de Juan de la Cosa, de 1500: en ambos se señalan los contornos de tan peculiar territorio). También Américo Vespucio se ocupó de divulgar en Europa la leyenda de su existencia, cuando en su segundo viaje habló de una isla de los gigantes, que al parecer y según la relación del primer viaje de Ojeda, correspondería a la actual Curaçao.

Asimismo, el primer historiador del Nuevo Mundo, Pedro Mártir de Anglería, se refirió a hechos sorprendentes que sobre la estatura de los indios le confiaban los conquistadores que retornaban de los nuevos países. Concretamente, en el Orbe Novo Pedro Mártir relata las hazañas del rey gigante Datha, de la provincia de Duhare. De acuerdo a lo que le narraron al autor, solo el rey y su esposa alcanzaban una estatura mayor, porque mientras eran niños los maestros de esa arte les untaban los miembros con medicamentos de ciertas hierbas que permitían estirarlos a voluntad.

Según el Deán de la Concepción, con quien Pedro Mártir discutía asiduamente sobre estos prodigios:

> ...eso (el estiramiento) no se hace torturando los huesos, sino comiendo cierto embutido de muchísima sustancia, que se saca majando varias hierbas a propósito, en particular cuando comienzan a crecer (quienes las comen), el cual tiempo la naturaleza propende al crecimiento, y las comidas se convierten en carne y huesos.

LOS PATAGONES

Entre tanto, Juan Sebastián de Elcano llegaba a Sevilla el lunes 8 de septiembre de 1522 y muy pronto se esparció por todo el reino que los compañeros de Magallanes se encontraron en la bahía de San Julián con un pueblo de gigantes. Los cinco buques de Magallanes invernaron en dicho sitio durante cinco meses del año 1520.

En realidad, la primera visión de un gigante fue apuntada por Antonio Pigafetta, el cronista de Magallanes, en el diario de a bordo que llevó durante los tres años (1519-1522) que duró la travesía. Cerca de San Julián, en septiembre de 1521, escribió:

> Un día, cuando nadie se lo esperaba, vimos un gigante que estaba a orillas del mar, semidesnudo, bailando, saltando y cantando; y mientras cantaba, se echaba polvo y arena sobre la cabeza. Nuestro capitán mandó a uno de nuestros hombres acercarse a él, ordenándole que cantara y saltara igual que el otro para tranquilizarle y que se mostrara amistoso. El marinero lo hizo y enseguida condujo al gigante a una pequeña isla donde el capitán lo esperaba. Y cuando estuvo ante nosotros comenzó a mostrarse asombrado y temeroso, y apuntó con un dedo hacia arriba pensando que veníamos del cielo. Era tan alto, que el más alto de nosotros le llegaba a la cintura...[2]

El gigante tenía el rostro pintado de rojo y amarillo, con dos corazones dibujados sobre las mejillas y su cabeza, casi calva, mostraba a los cabellos escasos pintados de blanco. Vestía una piel, cosida: "...proveniente de un animal que tiene la cabeza y las orejas de una mula, el cuello y el cuerpo de un camello, las patas de un ciervo y una cola de caballo".

Hoy es posible inferir que aquella criatura no era otra cosa que un guanaco, pero en su necesidad de definir, los cronistas utilizaban todas sus dotes creativas, sin importar que se tratara de un animal, un hombre o... una mujer: "Estas mujeres tienen los pezones con un largo de media braza, llevan una pequeña piel para esconder su naturaleza, están vestidas como hombres y tienen también el rostro pintado".

Pigafetta no escatima detalles sobre estos seres insólitos y, sin embargo, reales.

---

[2] *Primer viaje en torno al globo*. Editorial Francisco de Aguirre, Buenos Aires, 1970. Traducción de José Toribio Medina. Otra edición más reciente y muy recomendable es "La primera vuelta al mundo", debida a Diego Bigongiari. Editorial Ameghino, Buenos Aires, 1999.

En el Río de la Plata, casi un siglo después, Ruy Díaz de Guzmán relataba del siguiente modo los detalles de la tripulación de Magallanes con los gigantes del sur argentino:

> ...reconocido el río de la Plata fueron costeando lo que dista para el estrecho hasta 50 grados, donde saltando siete arcabuceros a tierra, hallaron a unos gigantes de monstruosa magnitud, y trayendo consigo a tres de ellos, los llevaron a las naos, de donde se les huyeron los dos. Y metiendo el uno en la capitana, fue bien tratado por Magallanes, asentando con algunas cosas, aunque con rostro triste: tuvo temor de verse en un espejo. Y por ver las fuerzas que tenía, le hicieron tomase a cuestas una pipa de agua, el cual se la llevó como si fuera una botija perulera. Y queriendo huirse, cargaron de él de ocho a diez soldados, y tuvieron bien que hacer para atarlo: de lo cual se disgustó tanto que no quiso comer y de puro coraje murió. Tenía de altura de trece pies, y algunos dicen de quince.[3]

Los gigantes patagónicos fueron descritos también por otros exploradores, como De Weert, Spelbergen y Shelvocke, que terminaron adoptando el primer término utilizado por Magallanes para nombrarlos: patagones (pies grandes).

Peter Shankland anotó que el bucanero Thomas Cavendish –a cuyo servicio se encontraba Anthony Knivet, un inglés tomado como prisionero y esclavo que terminó escribiendo una extraordinaria y poco conocida relación de su experiencia– midió la huella de uno de sus pies y:

> ...comprobó que tenía una longitud de cuarenta y seis centímetros, en tanto su estatura media parecía ser de dos metros cuarenta centímetros; y según escribió uno de sus oficiales: alcanzan los dos metros setenta centímetros y más. Era como si con el tiempo los

---

[3]Guzmán, Ruy Díaz de: "La Argentina". *Historia 16*, Madrid, 1986.

Fernando de Magallanes. El portugués que al servicio de España, iba a hacer posible la demostración de que la tierra era redonda.

gigantes se hicieran más gigantescos"; en informes sucesivos, sus pies se agrandaban igualmente. [4]

DE LOS REINOS DE LOS DEFORMES

Ante la variedad y multiplicidad de informes que llegaban, los Doctores del Consejo de Indias no dudaban ni de los gigantes ni de otras maravillas del Nuevo Mundo de las que se daban noticias. La fábula de los gigantes se siguió extendiendo en el tiempo y supo perdurar por mucho en América Latina.

Durante la conquista de Perú se creyó que habría que enfrentar a un ejército de gigantes, de acuerdo a lo escrito por Gaspar de Espinosa, quien afirmaba que de acuerdo a cartas enviadas por Diego de Almagro unas sesenta leguas delante de Cusco acechaban: "...los gigantes, gente muy crecida y en mucha cantidad y que tienen muchas más armas y ánimo en su república...".[5]

Apuntalando esa ilusión, fray Pedro Simón escribe en el capítulo III de la *Primera noticia* que: "...hállanse gigantes en la provincia del Perú. Se han encontrado también sepulcros y huesos de gigantes".

Además, narra la historia de un gigantón al que mataron los españoles, pero al ir en busca de su cadáver pudieron notar que se lo habían llevado sus congéneres.

A mediados del siglo XVII, el padre Cristóbal de Acuña todavía daba cuenta de la existencia de gigantes y pigmeos ocul-

---

[4] *Captain Byron of the wager*. Londres, 1975. El capitán Byron al que hace mención el título del libro era el abuelo de Lord Byron, el aclamado poeta romántico.

[5] Carta del licenciado Gaspar de Espinosa, fechada el 25 de febrero de 1536 y publicada por Medina en su *Colección de documentos inéditos para la historia de Chile*, t. IV, pág. 341.

tos en las profundidades del Amazonas, así como de los Mutayus: "…gente que todos ellos tienen los pies al revés, de suerte que quien no conociendo los quisiese seguir, caminaría siempre al contrario que ellos".[6]

La suposición acerca de la existencia de criaturas bizarras y monstruosas subsistió largamente en la zona del Río de la Plata. En una carta de Luis Ramírez, hace saber que Caboto tuvo noticia de unos indios que: "…de la rodilla abajo tienen los pies de avestruz y también dijeron de otras degeneraciones extrañas a nuestra natura, lo cual por parecer cosa de fábula no lo escribo".[7]

Los aborígenes así descritos es probable que sean aquellos que respondían al nombre de cullus, y que tenían por costumbre cortarse un dedo del pie ante la muerte de un hijo, hasta quedarse en ocasiones sin ninguno.

El padre Pedro Lozano afirma que el nombre real en lengua quechua de esta tribu era "suripchaquin", que en castellano equivale precisamente a "pies de avestruz". En Córdoba los comechingones se caracterizaban por vivir en cuevas bajo tierra –lo que a ojos de los europeos los hacía aparecer como verdaderos topos humanos–, y en el Chaco se hablaba de ciertos enanos que nadie había visto pero que ya figuraban en las cartografías de la Edad Media.

Una misiva del padre Nicolás del Techo, escrita en Miraflores en 1757, alertó sobre la existencia de pigmeos en el Chaco. El padre Guevara, a propósito de esto, comenta que: "…los chiriguanos extrajeron un pigmeo muy chico; no quisieron decir en qué parte del Chaco habitaban; pero añaden que solo de noche salen en

---

[6]Acuña, Cristóbal de: *Nuevo descubrimiento del gran río de las Amazonas*, LXX. Noticias que dieron los Tupí Nambás. 1641.

[7]La citada carta aparece reproducida por Eduardo Madero en *Historia del puerto de Buenos Aires*, apéndice 8.

Sebastián Caboto (detalle de una pintura del siglo XVI) obtuvo el apoyo de Enrique VII de Inglaterra para realizar un viaje de exploración al Nuevo Mundo. Sin embargo, sus logros fueron insignificantes, pero sus éxitos fueron insignificantes.

busca de comida, temiendo que si de día desamparan sus cuevas serán acometidos por los pájaros grandes...".[8]

El propio Guevara afirmaba con absoluta certeza que en el interior de Paraguay, escondidos en la profundidad de la selva, acechaban los fabulosos caaiguás ("gente silvestre" en guaraní) a los que identificaba como:

> ...hombres con nariz de mono, gibados que miran a la tierra como si para ella sola y sus bienes perecederos hubiesen nacido: el cuello corto y tan ceñido que no sobresale del hombro... Viven en los montes y persiguen a los monos, saltando de rama en rama y de árbol en árbol con extraña ligereza y admirable agilidad.[9]

---

[8]Guevara, S. J. *Historia del Paraguay, Río de la Plata y Tucumán*. Plus Ultra, Buenos Aires, 1969.

[9]Idem. Libro I, Parte 1.

Otras fuentes también se ocupan de los supuestos caaiguás o caiguaras, llegando incluso a conjeturar que no bajaban de los árboles y que hasta podrían gozar de una extremidad posterior que los ayudara a sostenerse, como si fuesen colas.

Capítulo II

Los polinesios en América

Al estudiar las tradiciones indígenas, no fueron pocos los antropólogos que pudieron comprobar que varios de los pueblos originarios americanos conservaban el recuerdo de una invasión de gigantes llegados desde el Pacífico hasta las costas de Perú y Ecuador en balsas de caña y madera seca. En su *Crónica del Perú*, Cieza de León describe el testimonio de lo que los naturales oyeron de sus padres y, a su vez, estos de sus mayores:

> Vinieron por la mar en unas balsas de juncos a manera de grandes barcos unos hombres tan grandes que tenía uno de ellos de la rodilla abajo como un hombre de los comunes todo el cuerpo (…). Cavaron unos pozos en la peña viva y vivieron en grande aborrecimiento de los naturales; porque por usar con sus mujeres las mataban, y a ellos hacían lo mismo por otras causas. Comían enormemente, y por causa

del pecado de la sodomía Dios los exterminó por medio de un ángel resplandeciente y una lluvia de fuego.

El autor recuerda asimismo que en tiempos remotos en el Titicaca se habían visto hombres barbados a quienes los indios le atribuían la construcción del edificio Viñaca o Viñaque, un prodigio arquitectónico registrado así por Pedro Cieza en el siglo XVI.

Es muy probable que el verdadero trasfondo de estas leyendas esté relacionado con la reminiscencia de antiquísimas invasiones polinesias, tal cual lo investigado por Paul Rivet[10]. No es de extrañar que los indios americanos viesen como sobrenaturales a sus visitantes de Oceanía, al punto de otorgar a su relato los aspectos de un mito religioso. El tiempo transcurrido y la natural ornamentación fantástica de la narrativa oral, contribuyen a la fundación de un relato maravilloso, de aquello que pudo haber tenido la consistencia de un hecho real.

Como simple ejemplo de ello, basta con observar las noticias que los indios de La Florida dieron a Álvar Núñez acerca de unos cristianos que acababan de pasar por sus tierras:

> En este tiempo, Castillo vio al cuello de un indio una hebilleta de talabarte de espada, y en ella cosido un clavo de herrar. La tomó y le preguntó qué cosa era eso. Nos dijeron que habían venido del cielo. Volvimos a preguntar quién la había traído de allí, y nos respondieron que unos hombres que traían barbas como nosotros, que habían venido del cielo y llegado a aquel río, y que traían caballos y lanzas y espadas, y que habían lanceado a dos de ellos; y lo más disimula-

---

[10]Médico de profesión, el francés Paul Rivet (1876-1958) se dedicó a la etnología y la antropología, siendo el primero en promulgar la teoría multirracial según la cual el hombre sudamericano, además de tener sus raíces en Asia, tuvo contacto con sus semejantes de Australia y Melanesia. En 1937 fundó en París el Museo del Hombre.

Machu Picchu albergaba a parte de las fabulosas contruciones que los españoles encontraron en la cordillera Sudamericana. Estos edificios de grandes proporciones habrían sido construidos por civilizaciones de la polinesia.

damente que pudimos, preguntamos qué se había hecho de aquellos hombres, y nos respondieron que se habían ido a la mar, y que habían metido las lanzas por debajo del agua, y que ellos se habían metido por debajo, y que después los vieron ir por encima, hacia la puesta del Sol.[11]

Los testimonios de contacto entre los pueblos americanos y polinesios en épocas remotas son tan abundantes como variados. Las *Relaciones de las islas que llaman de Salomón*, dadas a luz por Jiménez de la Espada, contienen el interrogatorio de un indio llamado Chepo que afirma que eran frecuentes las travesías hacia Occidente, por lo general desde Arica, donde al cabo de dos meses de navegación, llegaban hasta una isla desierta de nombre Coatu. Luego, con proa a la derecha, se arribaba a otra isla, esta muy poblada, llamada Quen, y en otros diez días de navegación se alcanzaba Acabana, una nueva ínsula.

Asimismo, Rivet cita la fabulosa expedición de Tupac Inca Yupanqui en balsas sobre el Pacífico, expedición que, según los cronistas Cavello de Balboa y Sarmiento de Gamboa, se extendió por más de un año y habría llegado hasta las costas de la actual Tahití. Del sincretismo provocado por estas dos culturas es muy probable que el resultado haya sido el tejido de un nuevo aparato mítico, establecido por elementos de una y otra civilización.

La historia de los "peces cantores" que encantaban a los navegantes con su música, muy extendida durante los primeros años del descubrimiento de América, conoce una versión también en varias islas de Oceanía.

---

[11]Núñez Cabeza de Vaca, Álvar: *Naufragios*. Cap. XXXII. Castalia, Madrid, 1992.

RESTOS ANIMALES Y ESTIRAMIENTOS

Otro elemento muy importante relacionado con la presencia de gigantes en el continente está dado por el hallazgo frecuente de huesos de animales prehistóricos a los que se confundió, invariablemente, con restos humanos, cuando aún la paleontología era una ciencia en ciernes. Tal vez esto explique la pretensión de los tascaltecas, quienes aseguraban que su territorio había sido habitado por gigantes.

En efecto, entre los ricos despojos del imperio de Montezuma que envió Cortés a España, se hallaban unos huesos de gigantes, desenterrados en Cuioacán. También se conservaba en Yucatán la tradición de una raza de gigantes, y en el pueblo de Maní se extrajo de una tumba de piedra viva un cuerpo de extremada grandeza, de cuya boca, aseguraban, se arrancó una muela que pesaba libra y media.

En la tierra de Chicora, al norte de México, todos eran gigantes, y preguntada la reina de este pueblo acerca de la causa del crecimiento desmesurado de sus hijos, respondió que era debido a un alimento en particular: ¡morcillas rellenas de hierbas encantadas! Otros, en cambio, adujeron que les estiraban los huesos cuando niños, y que después de ablandados con ciertas yerbas cocidas, volvían a estirarlos.

En suma, se ha verificado lo suficiente como para probar que todas las tradiciones de gigantes tuvieron origen en lugares abundantes en restos paleontológicos, no solo en América Latina sino también en algunos lugares de Europa, fundamentalmente Grecia y Sicilia –al pie del Etna se encontraba la morada de los cíclopes– según la leyenda, Encelado, gigante que vivía bajo el volcán y cuyos estruendos eran provocados por sus revolcones, fue castigado por Atenea arrojándole la isla de Sicilia encima. En griego antiguo, en definitiva, el vocablo "gigante" no significa otra cosa que "nacido de la tierra". Convendría mencionar, asimismo, que tanto Homero como otros escritores posteriores, situaron a los gigantes en zonas volcánicas.

La leyenda de los gigantes americanos, en consecuencia, puede sostenerse sobre tres tipos de influjos diversos:

a) La influencia de las leyendas clásicas y medievales. El Nuevo Mundo era caldo de cultivo especial para todas las extravagancias que los europeos no podían explicar desde la razón, y asimilaban como verdades cuanto habían referido los antiguos viajeros.

b) Las tradiciones indígenas de la llegada a las costas del Pacífico de hombres providenciales (comerciantes e invasores) provenientes de Oceanía.

c) El descubrimiento de huesos de animales prehistóricos de gran tamaño y confundidos con restos humanos.

LOS CALIBES

En realidad, resta un cuarto punto. Toda leyenda conoce también una puerta a la verdad, y en su contacto con lo maravilloso pervive el sueño de los hombres. Sean gigantes o pigmeos.

Herodoto fue uno de los primeros en advertir acerca de un pueblo llamado calibes que, entre otras naciones asiáticas, fue sojuzgado por el lidio Creso. Sería el mismo al que menciona Jenofonte en su *Anabasis* al relatar la retirada del ejército de Alejandro el Grande, aunque lo sitúa en Armenia y habla de ellos como gente numerosa y guerrera.

Otros estudiosos de la Antigüedad, como Plinio, Pomponio Mela y Estrabón, mencionan diversas ciudades de los calibes, en tanto Virgilio, en sus *Georgicas*, asegura que fueron los primeros en extraer hierro de la tierra, y esta relación con los metales parece haber sido un signo de identidad ("calibe", en griego, significa hierro). Se estima que el grupo más importante de los calibes asiáticos se hallaba comprendido entre el promontorio de Jasón, al oeste, el Thermodonte al este, el Ponte Euxino, al norte, y el Asia, al sur. Es decir, un vasto territorio de fronteras difícilmente identificables.

Todos estos datos vienen a cuento porque con el arribo de las naves de Colón, la leyenda de los viejos calibes llega también a las Antillas. Algo de lógica hay en la continuidad mítica. Por un lado, debido a las dificultades que suponía interpretar "lo nuevo", y al mismo tiempo, por la seguridad de que aquello que se tomaba por nuevo, se fundía en el viejo misterio de Asia.

Los paralelismos entre las dos culturas fueron constantes. Hipócrates y Galeno hablaron de un pueblo asiático que deformaba los cráneos artificialmente, y esa noticia fue repetida por Las Casas, Oviedo y Gomara, pero para referirse a culturas y regiones donde nunca habían estado. Hasta los dioses latinoamericanos fueron comparados con los paganos, encontrando una réplica de la diosa Chicomeatl en Ceres, de Centeotl en Cibeles, de Chalchiuthliene en Juno, y así sucesivamente.

Colón fue el creador de la falsa existencia de los caribes en el Nuevo Mundo, pero esa fantasía respondía al convencimiento de haber llegado realmente a las costas de Cipango y Catay, lo que le hacía imaginar, ver y creer en hechos que conocía más por las referencias de otros viajeros que por ser testigo directo de la nueva realidad. Un rápido repaso al diario de su primer viaje invita a comprender cómo Colón dio entidad a un pueblo que solo existía en su mente.

> 23 de Noviembre – Decían que era muy grande (la isla de Bohío o Santo Domingo) y que había en ella gente que tenía un ojo en la frente, y otros que se llamaban caníbales, a quienes demostraban gran miedo (…) El Almirante (…) creía que habían cautivado a algunos y que no volvían a sus tierras porque se los comían.

41

La referencia a la figura clásica del cíclope (gente que tenía un ojo en la frente) es un rasgo común en la traspolación de los mitos llegados de la Antigüedad al Nuevo Mundo. Uno de los ejemplos más tempranos es proporcionado por un médico jonio conocido como Ctesias de Cnido, quien vivió durante la segunda mitad del siglo V a. C. y construyó uno de los modelos más perfectos en lo que a artificios literarios se refiere.

Durante una batalla, Ctesias fue hecho prisionero y conducido a la corte del rey persa Artajerjes II. Gracias a sus habilidades, tanto profesionales como diplomáticas, el médico pudo granjearse la confianza de muchos embajadores y mercaderes que llegaban desde distintos puntos de Asia hasta una de las cortes más importantes de la Antigüedad. Así, logró redactar dos libros, *Relatos persas* y *Sobre la India*.

Este último resultará significativo, ya que consolidó a partir de allí el imaginario de la India como lugar de maravillas, que se instaló y atravesó el devenir hasta las mismas puertas del siglo XX. En su relato, Ctesias proporcionó indicios sobre el río Indo, pero también dio una de las primeras señalizaciones de los unicornios, describió a hombres con cabeza de can identificados como cinocéfalos[12]; conoció al ave roc; y mencionó a unos seres pequeños conocidos como pigmeos, de cabelleras tan abundantes que las utilizaban como vestidos; contó de árboles que hablan y otros que derraman lágrimas de resina que dejan caer al río; dijo que existen ciertas montañas que abundan en oro y plata, custodiadas por grifos: "especie de pájaros cuadrúpedos del tamaño de un lobo, con patas y garras de león".

Y también describe a la masticora, un animal:

---

[12]El mito de los cinocéfalos trascendió hasta la iconografía cristiana donde San Cristóbal, santo sirio martirizado hacia el año 250, es representado con cuerpo humano y cabeza de perro.

Cristóbal Colón por ser el primer europeo que mantuvo contacto con los nativos de América construyó una cantidad de mitos que se expandieron por todo el viejo continente. Incluso algunos mapa de la época le asignan lugar geográfico a los pueblos que solo existían en la mente del genovés.

…que tiene cara humana, el tamaño de un león y la piel roja del cinabrio. Tiene tres hileras de dientes, orejas parecidas a las del hombre (…) y su cola se parece a la del escorpión.

Muchas de estas especies insólitas fueron recogidas no solo por los bestiarios medievales, sino también en las relaciones de los cronistas de los conquistadores –son abundantes, por ejemplo, los gráficos que testimonian la presencia de los cinocéfalos–. Pero volviendo a Colón y la amenaza "Caribe", vuelve a anotar en su diario el 12 de diciembre:

Porque todas estas islas viven con gran miedo de los "caniba", y así torno a decir como otras veces dije, que "caniba" no es otra cosa sino la gente de Gran Can, que debe de ser aquí muy vecino, y terná

navíos y vendrán a cautivarlos, y como no vuelven creen que se los
han comido.

Resulta claro que el convencimiento del almirante de haber
llegado a unas tierras próximas al reino del Gran Khan, en el Asia
profunda, y quizás motivado por la proximidad fonética, asumió la
condición de caníbales de los habitantes de la isla: "Juzgó el almirante que debían ser los caribes que comen a los hombres", aparece
en su diario el 13 de enero. El padre Las Casas anota aquí, no
obstante, que: "no eran caribes ni los hubo en la Española jamás".

LA ISLA DE LOS ANTROPÓFAGOS

La supuesta isla de los antropófagos que las cartas geográficas
anteriores al descubrimiento situaban en las costas de Asia, no
aparecía ni en San Salvador, ni en Santo Domingo ni en Puerto
Rico. Esta isla, de acuerdo al mapa catalán de 1375, respondía al
nombre de Taprobana, y estaba habitada por gigantes: "e molt
negres que mangen los homens blancs estranys, sils poder ver".

En el mismo mapa, al sur de los dominios de Gog y Magog,
perdidos en el fondo de Asia, hay: "…aquí molts diverses genera-
tions de quino dupten a manjar tota carn crua aques es la genera-
tion ab vendrá Antichrist".

Colón las identificó como las islas Masculina y Femenina del
mapa de Behaim. A partir del descubrimiento de América, todos
los mapas, casi sin excepción durante los siglos XV, XVI y XVII,
han inscrito los nombres de caribes y caníbales en distintos lugares del continente –y muy en particular en torno al Golfo de
México–.

El *Islario general del mundo*, de Alonso de Santa Cruz, termi-
nado en 1541, que según Franz R. V. Wieser es un derivado del

mismo prototipo que sirvió para construir el planisferio anónimo de Weimar de 1527, comprende en la tabla primera del Mar de las Antillas a las islas de los caníbales. No sería la única: a partir de allí se suceden innumerables cartas que dan cuenta del país de los caribes o caníbales en diversos puntos del continente. Y si bien los caribes no existían, la fábula de su existencia acabó por imponerlos, e incluso designar la toponimia de varios puntos del Nuevo Mundo.

El elemento más preciso para apuntalar esta creencia, tal vez haya que buscarlo en el nombre de los antiguos pobladores antillanos. Se sabe, por ejemplo, de varios grupos de origen netamente guaraní que respondían a los nombres de galibi, caraibe y carina. De acuerdo a las observaciones de Humboldt, este último es el que los caribes se daban a sí mismos. Pedro Mártir de Angleria afirmaba, a su vez, que: "...carib, en todas las lenguas de aquellos países, es lo mismo que más fuerte que los demás; caribes, lo mismo, y ninguno de los insulares pronuncia este nombre sin miedo".

Por su parte, Bachiller y Morales afirma que el afijo "car" en la antigua lengua antillana, significa "alto", "excelente", en tanto que "cari", en la misma lengua, quiere decir "hombre". Según el vocabulario haitiano-francés propuesto por Brasseur de Bourbourg, "cari" es la palabra de la lengua llamada caribe y pertenece al dialecto de los indios Boriquen, de Puerto Rico.

A su vez, los guaraníes se llamaban carios, y llevaron sus migraciones hasta las costas de La Florida. El mismo francés de Bourbourg llegó a anotar más de mil nombres de pueblos, tribus, lugares y ciudades que en la época de Colón tomaron como denominación nombres con los afijos "car", "cal" y "gal".

El descubrimiento de nombres indígenas en apariencia tan similares al de los calibes de las historias clásicas, y lo lógico que parecía encontrarse en las regiones a las que se suponía Asia, crea-

Retrato de Cristóbal Colón conservado en la biblioteca del Congreso de los Estados Unidos de América ron por la autoridad del almirante la leyenda de los caribes americanos, leyenda que ciegamente aceptaron y repitieron tanto geógrafos como historiadores aleccionados por las relaciones de algunos viajeros amantes de la tradición y lo fantástico.

El testimonio de los primitivos cronistas de Indias parece indicar que algunos indios llamados caribes, por costumbre secular eran tan refractarios a la carne, que si la comían en cantidad morían. Fernández de Enciso, por ejemplo, señala que:

> ...los indios no tienen en estas islas ninguna carne: su comer es pescado, raíces y pan de raíces, y cogollos de hierba, y si los llevan a otras partes y les dan carne, se mueren.

A su vez, en su *Life of Colombus*, Washington Irving tampoco admitía la antropofagia de los caribes. Allí donde los conquistadores decían haber visto carne humana asándose en prodigiosos banquetes caníbales, no quedaba más que la proyección de un temor exacerbado o el triunfo de una mitología fabulosa.

Capítulo III

Las amazonas

De todos los mitos que acompañaron la conquista americana, es difícil encontrar uno más confuso, deformado e insondable, a la vez que fascinante, que el de las amazonas. Ha sido el más desdeñado, por incomprendido, y a la vez el más olvidado, por imposible. Y, no obstante, es el más auténtico y luminoso, en particular por lo que representa su nombre.

Es de extrañar, por ejemplo, que entre tantos historiadores que se han dedicado al estudio del descubrimiento, la conquista y exploración del río de Amazonas, ninguno haya sido capaz de comprender la verdadera representación del pretendido mito. Ello se debe únicamente a la falta de originalidad y crítica en las investigaciones, y al temor de apartarse de la senda trillada, repitiendo los mismos juicios de siempre para llegar a los mismos resultados.

El mito de las amazonas encierra una simbología de magnitud tal, que en los tiempos clásicos fue materia de poetas, artistas y mitógrafos. Las amazonas (del griego "a", privación, sin, y "mazos", seno, o bien del semítico "amazo", madre fuerte, que fue el apelativo que se le brindó a Diana de Efeso) eran, según la leyenda, las hijas originarias del Cáucaso y habitaban a orillas del Termodonte, cerca de Trebisonda, en el Asia Menor. Herodoto fue el primero en hablar de ellas. Sus senos han sido interpretados como símbolos de las nubes. El culto de Artemisa, nodriza de la Naturaleza, así lo demostraría.

Las amazonas también parecen significar una forma femenina de los centauros. En Megara, en Queronea y en Tesalia, existían tumbas de amazonas que se decían muertas por Teseo y los atenienses. En la guerra de Troya defendieron a Priamo, hasta que Aquiles mató a la reina Pentesilea. En África, otras amazonas subyugaron a los atlantes, númidas, etíopes y gorgones; fundaron una ciudad a orillas del lago Tritón, y fueron exterminadas por Hércules.

De acuerdo a la opinión de Klaproth ("Magasin asiatique, I"), la palabra amazona podría derivar de las voces persas "hemen zen" (todas mujeres), o bien del eslavo "hame zony" (mujeres solas).

De todos modos, conviene recordar que en Europa, por lógica confusión, aun avanzado el siglo XVII se creyó que existían amazonas en el Cáucaso. El mismo Klaproth insiste en que, en el septentrión del Tibet, existió un estado gobernado totalmente por mujeres.

En el tomo II de las *Religiones de la antigüedad* (1849), de Guignaut, se puede leer una pormenorizada historia del origen, mitos y representaciones de las amazonas. Aparece esculpido en el friso del templo de Apolo Epicurios, en Basa, en el mausoleo de Halicarnaso y en el "ex voto" ofrecido por Atala a los atenienses.

Herodoto. Se le considera el padre de la historiografía. Su obra es una fuente ineludible para los historiadores modernos, y sus relatos sobre las amazonas constituyen la primera documentación al respecto.

Panainos lo pintó en el arco que circunda el trono de Zeus en Olimpia. Polycleto, Fidias, Cresilas, Fradmon y Krydon, presentaron estatuas de amazonas en un concurso de amazonas organizado en Efeso en el siglo V a. C., con objeto de escoger una amazona para el Artemisión de la ciudad.

Ninguna de las amazonas que se pueden apreciar en la galería Pío Clementina, de Roma, ni en el Louvre y otros museos europeos, muestra la ausencia del seno derecho que una mala interpretación hizo suponer que se mutilaban para manejar mejor el arco.

El mito habrá de atravesar la oscuridad de la Edad Media como una lejana realidad, propia de pueblos bárbaros y paganos confinados en los extremos de Asia.

A comienzos de la Edad Moderna, en el mismo año del descubrimiento de América —aunque poco antes de su realización— aparece en el mapa de Martin Behaim una nota que advierte sobre un territorio de féminas, a la vez que sobre la tenaz castidad de las mujeres:

> Las islas Femenina y Masculina fueron habitadas hacia 1285, la una solo por hombres, la otra solo por mujeres, que se juntan una vez al año. Todos son cristianos y tienen un obispo sufragáneo del Arzobispado de la Isla Escoria... La isla Escoria (Marco Polo la llamó Scoria) está situada a quinientas millas de Italia de las islas Masculina y Femenina. Sus habitantes son cristianos, y tienen por Señor a un Arzobispo. En ellas se fabrican buenas telas de seda, y crece mucho ámbar.

El fanatismo de la Edad Media había borrado el recuerdo de las heroicas batallas y de los fabulosos semidioses para dejar subsistir, únicamente, la tradición de la castidad que, como ejemplo no desdeñable, era aprovechado por las fábulas cristianas.

Amazonomaquia. Bajorrelieve ático del siglo IV a.C. En él se pueden ver escenas de combate de este pueblo mítico de mujeres guerreras.

MATININO, EL REINO DE LAS MUJERES

Una vez que el almirante Colón llegó al Nuevo Mundo (que identificaba, recordemos, con las costas de Asia), las islas Femenina y Masculina se transforman en los mapas de la época, en las islas Caribe y de Matinino, una habitada por caribes y la otra por amazonas, exactamente igual que a orillas del Termodonte donde, según las fábulas clásicas, caribes y amazonas vivían en relativa vecindad.

Al mismo tiempo, las amazonas, vistas por la fantasía de Colón, revelaban los mismos hábitos que las mencionadas por Herodoto: una vez al año, en primavera, se entregaban a los hombres, con el único fin de perpetuar la raza. Guardaban para sí las niñas que daban a luz y entregaban los niños a los padres.

En el *Diario del primer viaje de Colón*, se puede leer:

13 de enero (...) De la isla de Matinino dijo aquel indio que era toda poblada de mujeres, sin hombres, y que en ella hay mucho toub, que es oro o alambre, y que es más al este de Carib... 16 de enero (...) Dijéronle los indios que por aquella vía hallaría la Isla de Matinino, que era poblada de mujeres, sin hombres, a lo cual el Almirante dijo que mucho quisiera por llevar a los Reyes cinco o seis de ellas; pero dudaba que los indios supieran bien el rumbo, y él no se podía detener por el peligro del agua que cogían las carabelas; mas dijo que era cierto que las había, y que en cierto tiempo del año los hombres venían a ellas de la dicha Isla de Carib, que estaba del las diez o doce leguas; y si parían niño lo enviaban a la isla de los hombres; y si niña la dejaban consigo...

En otros documentos se habla de mujeres que con arcos y con flechas habían intentado impedir el desembarco de Colón en la isla de Guadalupe o Tierra de las Mujeres.

La leyenda de las amazonas americanas corrió al Viejo Mundo con las primeras noticias del descubrimiento de las Indias. Pedro Mártir de Angleria o Anghiera, aquel italiano que no quería abandonar España por la esperanza de que su nombre llegase a la posteridad como el historiador de los sucesos del *Orbe Novo*, divulgaba en sus cartas y *Décadas* la existencia de las amazonas en las Antillas, agregándole detalles de erudición –como la supuesta mutilación de un seno– que pronto habrían de repetir los propios conquistadores.

Concretamente, Pedro Mártir menciona una isla donde las mujeres viven sin hombres en sus *Décadas oceánicas*:

A los lados de esta Coluacana hay otra isla donde solo habitan mujeres sin trato con hombres. Piensan algunos que viven al estilo de las Amazonas. Los que lo examinan mejor juzgan que son doncellas cenobitas, que gustan del retiro, como pasa entre nosotros, y en muchos otros lugares donde habitaron las antiguas vestales o consagradas a la diosa Bona. En ciertos tiempos del año pasan hombres a la isla de ellas, no para usos maritales, sino movidos de compasión, para arreglarles los campos y huertos, con el cultivo de los cuales puedan vivir. Mas es fama que hay otras islas habitadas por mujeres, pero violadas, que desde pequeñas les cortan un pecho para que más ágilmente puedan manejar el arco y las flechas, y que pasan allá hombres para unirse con ellas y que conservan los varones (que les nacen)… (Déc. IV, lib. IV, cap. I)

En la *Década* VII, lib. VIII, cap. I, agrega:

Más acerca de la isla Matinino, de la cual no dije yo, sino que referí haber oído que la habitan mujeres solas a estilo de las Amazonas, lo dejan en duda estos testigos, como yo entonces; sin embargo; Alfonso Argollo, el cual ha recorrido aquellas regiones, afirma que es historia y no fábula. Yo doy lo que me dan.

Y vuelve a insistir:

Añaden que es verdad lo que se cuenta de la isla habitada solamente por mujeres, que a flechazos defienden con bravura sus costas, y que en ciertas temporadas del año pasan allá los caníbales para engendrar, y que desde que están encintas ya no aguantan a los hombres, y que a los niños (que les nacen) los echan fuera y se guardan las hembras… (Déc. VII, lib. IX, cap. III)

Gonzalo de Sandoval, en su expedición al sur de México, tuvo noticia de los habitantes de Colina que a diez soles de aquel paraje había una isla de amazonas.

LAS AMAZONAS DEL PECHO AMPUTADO

La seguridad de hallar en las costas de Asia una isla habitada por amazonas o mujeres que vivían sin hombres, todavía animaba a muchos de los compañeros de Magallanes, según lo atestigua en su *Primo viaggio intorno al globo* el caballero lombardo Antonio Pigafetta:

> Otras cosas extravagantes nos contaba nuestro viejo piloto. Nos refería que en una isla llamada Occoloro, junto a Java Mayor, no se encuentran más que mujeres, las cuales conciben del viento; y cuando paren, si nace varón le matan, y si hembra, le crían; si algún hombre llega a su isla, en cuanto pueden le matan.

Se encuentra aquí una clara referencia a una muy antigua leyenda pagana: las mujeres que conciben del viento. Los egipcios representaban el poder generador del aire mediante el "phalus", símbolo de Osiris, y Virgilio aseguraba que la mujer podía fecundarse por sí sola respirando el viento que venía del Occidente.

Por otra parte, en la *Polyhistoria* de Solino, autor del siglo III y de quien se conocieron algunas ediciones antes del descubrimiento de América (en Parma, en 1480, y en Venecia. en 1481) se lee que cerca de Ulisipo (Lisboa) las yeguas se preñaban con el viento Favonio (del Este), o sea, que en vez de unirse a los caballos, se casaban con el espíritu del aire. Tenemos así que lo que narraba el piloto del cual habla Pigafetta era una noción corriente para las personas que contaban con cierta lectura.

No obstante, hasta ahora el mito de las amazonas de las Antillas no deja de ser una mera reproducción del de las amazonas del Termodonte. Las relaciones y los mapas medievales que hacían figurar en las costas orientales de Asia pueblos de mujeres que vivían "como amazonas", la seguridad de Colón de hallarse en las tierras visitadas por Marco Polo y tal vez las declaraciones mal

Marco Polo fue el primer navegante que recorrió las rutas a Oriente. Fue también él, quien, en sus crónicas sobre la isla Scoria deja entrever que dicho lugar estaba habitado sólo por mujeres.

entendidas de algunos indígenas, crearon o transplantaron el mito de las amazonas en América.

Pero a partir del viaje de Orellana y los descubrimientos realizados en todo el continente sudamericano, la nueva leyenda de las amazonas, que idéntica y casi simultáneamente surge en distintos y apartados lugares, encierra un trasfondo desconocido, completamente original, que es reflejo de una realidad palpada por los indios y que fue desapareciendo a medida que avanzaban los descubrimientos. Y no se trata de confundir el mito con las indias guerreras destacadas por los cronistas, como de las se ocupa Oviedo en distintos lugares de su *Historia general,* donde refiere por ejemplo:

> Ya se ha hecho memoria de algunas regiones, donde las mujeres son absolutas señoras e gobiernan sus Estados (…), y ejercitan las armas, así como aquella reina llamada Orocomay (…) Así mismo, en lo de la gobernación e conquista de la Nueva Galicia, del Señorío de Ciguatan, e allí se pueden llamar amazonas (si a mi me han dicho verdad); pero no se cortan la teta derecha como lo hacían las que los antiguos llamaron amazonas, porque no les estorbase el tirar con el arco… (Parte LV, lib. XLIX, cap. IV).

LA RELACIÓN DE CARVAJAL: EL DESCUBRIMIENTO DE (LAS) AMAZONAS

Al analizar la *Relación* que escribió fray Gaspar de Carvajal, fraile de la Orden de Santo Domingo de Guzmán, del nuevo descubrimiento del famoso río Grande que realizó por muy gran ventura el capitán Francisco de Orellana, es posible encontrar aquella jornada donde, según la bella frase del Padre Carvajal, después de Dios las ballestas nos dieron las vidas. Poco antes de comenzar la construcción del barco en el que Orellana y sus compañeros recorrieron por primera vez todo el curso del Marañón: "…nos dieron noticia de las amazonas y de la riqueza que abajo hay, y el que la dio fue un indio llamado Aparia, viejo que decía haber estado en aquella tierra…".

Tiempo después, remontando el gran río, encontraron un pueblo donde los indios ofrecían chicha para el Sol a un ídolo monstruoso que llenó a todos de espanto, interrogaron a un indio sobre:

> …qué era aquello o por qué memoria tenían aquello en la plaza, y el indio dijo que ellos eran sujetos y tributarios de las amazonas, y que no las servían de otra cosa sino de plumas de papagayos y de guacamayos para forros de los techos de las casas de sus adoratorios, y que

los pueblos que ellos tenían eran de aquella manera, y que por memoria lo tenían allí, y que adoraban en ello como en cosa que era insignia de su señora, que es la que manda toda la tierra de las dichas mujeres...

Más adelante, Carvajal señala que en cierto encuentro:

...nos hirieron a cinco, de los cuales yo fui uno, que me dieron con una flecha por una ijada que me llegó a lo hueco, y si no fuera por los hábitos allí me quedaba. Se anduvo en esta pelea más de una hora, que los indios no perdían ánimo, antes parecía que se les doblaba (...) Quiero que sepan cuál fue la causa por que estos indios se defendían de tal manera. Han de saber que ellos son sujetos tributarios a las amazonas, y sabida nuestra venida, van a pedirles socorro, y vinieron hasta diez o doce, que estas vimos nosotros, que andaban peleando delante de todos los indios capitanes, y peleaban ellas tan animosamente que los indios no osaban volver las espaldas, y al que las volvía delante de nosotros le mataban a palos, y esta es la causa por la cual los indios se defendían tanto.

También da cuenta de este pasaje, de forma más que particular, Juan de Castellanos, en sus *Elegías de varones ilustres de Indias*, publicadas en 1589:

...E india varonil que como perra / Sus partes bravamente defendía, / A la cual le pusieron Amazonas / Por mostrar gran valor en su persona. / De aquí sacó después sus invenciones / El Capitán Francisco de Orellana. / Para llamarle río de Amazona / Por ver a esta con dardos y macana, / Sin otros fundamentos ni razones / Para creer novela tan liviana; / Pues hay entre cristianos y gentiles / Ejemplos de mujeres varoniles." (Elegía XIV, canto II.)

El padre Carvajal agregaba que estas indias:

...son muy membrudas y andan desnudas en cueros, tapadas sus vergüenzas, con sus arcos y flechas en las manos, haciendo tanta guerra como diez indios; y en verdad que hubo mujer de estas que metió un palmo de flecha por uno de los bergantines, y otras que menos, que parecían nuestros bergantines puerco espín.

Luego apunta que Orellana avanzó muchísimo en el lenguaje de los indios, llegando no solo a comprenderlos sino incluso intentó traducir de forma escrita mucho de su vocabulario. De este modo, el capitán pudo preguntar por la naturaleza de aquellas mujeres que habían llegado a ayudarlos en la batalla. La respuesta obtenida fue que eran mujeres que residían a siete jornadas de la costa. Orellana preguntó entonces si estas mujeres estaban casadas y su informante lo negó. La siguiente pregunta tuvo que ver con su manera de sustento, y se le respondió que tenían tierras.

El confidente de Orellana confesó haber estado muchas veces allí, y que había visto su trato y vivienda, que como su vasallo iba a llevar el tributo cuando el señor lo enviaba. El capitán le preguntó si estas mujeres eran muchas: el indio dijo que sí, y que él sabía de la existencia de al menos setenta pueblos. Frente a la pregunta si los pueblos eran de paja, se le informó que no, sino de piedra y con sus puertas, y que de un pueblo a otro había caminos cercados de una parte, y cada tanto se encontraban entre ellos algunos puestos de guardia, porque no puede entrar nadie sin pagar derechos.

El capitán le preguntó entonces si estas mujeres parían: el indio dijo que sí. El Capitán le dijo que cómo no siendo casadas, ni residía hombre entre ellas, se preñaban. A lo que el natural afirmó que estas indias participan con indios en tiempos, y cuando les viene aquella gana juntan mucha copia de gente de guerra y van a dar guerra a un muy gran señor que reside y tiene su tierra junto a la de estas mujeres, y por fuerza los traen a sus tierras y tienen

Alejadas del esbelto ideario europeo, las amazonas lograban
afirmar su poder mediante las guerras y las conquistas del
mismo modo en que se desempeñaban sus pares asiáticas.

consigo el tiempo que se les antoja; una vez que se encuentran
preñadas, vuelven a enviarlos a su tierra sin hacerles ningún mal.

Después, una vez que llega el tiempo que han de parir, si paren
hijo lo matan o lo envían a sus padres; si en cambio es hija, la crían
con gran solemnidad, y la imponen en las cosas de la guerra.

Dijo más: que entre todas estas mujeres hay una señora que
sujeta y tiene a todas las demás bajo su mando y jurisdicción, y
que esta señora se llama Coñori. Añadió que en sus dominios existía grandísima riqueza de oro y plata, y las demás mujeres plebeyas se sirven en vasijas de palo, excepto lo que llega al fuego, que
es barro.

Aseguró que en la ciudad principal donde reside la señora hay
cinco casas muy grandes que son adoratorios y casas dedicadas al
Sol, las cuales ellas llaman caranain, y que estas casas por dentro

están del suelo hasta medio altura adornadas con pinturas de diversos colores, además de mostrar muchos ídolos en oro y plata, todos ellos de formas femeninas, y mucha cantería de oro y plata para el servicio del Sol. También afirmó que estas mujeres andan vestidas de ropa de lana muy fina, porque en esta tierra hay muchas ovejas como las del Perú.

Apuntó además que en esta tierra, según entendió Orellana, hay camellos que las cargan, y dijo que hay otros animales —aunque aquí el capitán no supo interpretar fielmente— que son del tamaño de un caballo y que tienen el pelo de un jeme y la pata hendida, y que los tienen atados, pero que hay pocos de estos... (con toda seguridad, llamas y antas, que los españoles no conocían).

El informante siguió diciendo que estos reinos de mujeres tienen orden de que, al ponerse el sol, no debe quedar indio macho en ninguna de estas ciudades. Más dice: que muchas provincias de indios a ellas vecinas, están sojuzgados al poder de las amazonas, y los hacen tributar y que les sirvan, y hay otras con quienes tienen guerra.

Cuanto esta fuente le reveló a Orellana, ya lo había escuchado con detalles casi idénticos a unas seis leguas de Quito. Por si fuera poco, los indios advirtieron a los españoles que quien se animara a visitar a estas mujeres habría de ir muchacho y volver viejo.

NOTICIAS DE AMAZONAS EN EL CONTINENTE ENTERO

La *Relación* que el padre Carvajal escribió para notificar la verdad de todo ello, como para quitar ocasión a muchos que quieren contar nuestra peregrinación al revés de cómo la hemos pasado y visto, fue de todos modos tachada como mentirosa por muchos, que incluso llegaron a tratar a Orellana de aventurero y ladrón.

Sin embargo, no deja de llamar la atención que con mayor o menor grado de coincidencia, las mismas versiones sobre pueblos de amazonas parecen haber sido recogidas por cronistas y conquistadores a lo largo y ancho del continente.

En el año 1545, por ejemplo, Hernando de Ribera declaraba en la Asunción del Paraguay que un par de años antes, habiendo llegado a los xarayes por orden de Álvar Núñez Cabeza de Vaca, tuvo noticia de unas mujeres que hacen la guerra con los indios chiquitos, quienes lo informaron acerca de cómo en cierto tiempo del año se juntan y tienen con ellos su comunicación carnal.

Pero mucho más valioso aún es el testimonio de Ulrico (Ulrich o Utz en el original) Schmidl, un lansquenette bávaro que llegó a Buenos Aires con Pedro de Mendoza y acompañó a Ribera en su expedición, hasta escribir la más valiosa y extendida crónica sobre el Río de la Plata.

Al internarse en territorio guaraní, Schmidl afirma haber sido recibido por el rey de los jerús, quien informó no poseer más plata ni oro que el que le habían robado, tiempo antes, a las amazonas.

"Nos alegramos cuando oímos lo que nos dijo del país de las amazonas y de sus grandes riquezas", confirma Schmidl.

Cuando Ribera le preguntó al rey si se podía llegar por agua y a cuánta distancia se encontraban dichas amazonas, la respuesta fue: "durante dos meses seguidos y por tierra".

Entonces marchamos contra esas amazonas, dice Schmidl, y abunda en todos los pormenores del mito:

Esas mujeres tienen un solo pecho y se juntan y tienen relaciones carnales con sus maridos tres o cuatro veces al año. Si entonces se preñan y nace un varoncito, lo envían a casa del marido; pero si es una niñita, la guardan con ellas y le queman el seno derecho para que este no crezca y pueda así usar sus armas, los arcos, pues ellas son mujeres guerreras que hacen la guerra contra sus enemigos. Viven estas mujeres amazonas en una isla, que es grande y está rodeada por agua y hay que viajar en canoas si se quiere llegar hasta allá. En esta isla las amazonas no tienen oro ni plata, sino en tierra firme, que es donde viven sus maridos. Allí tienen gran riqueza y son una gran nación que tiene un gran rey llamado Iñis.

En su *Historia del Perú*, Agustín de Zárate habría de confirmar las mismas especies acerca de las amazonas que Carvajal en el norte de Sudamérica y Schmidl en Paraguay.

Juan López de Velazco, en su *Noticia del Dorado* o *Nueva Extremadura*, consigna que:

> ...cerca de la cual (de la laguna del Dorado, de donde se dice que sale el Río de la Plata) también dicen que está una provincia de mujeres que llaman las Amazonas, que no tienen hombres sino los que van a buscar fuera de su provincia...

Y el padre Cristóbal de Acuña, en el *Nuevo descubrimiento del Gran Río de las Amazonas*, año 1641, refiere (núm. LXXII) que en el último pueblo de la provincia de los Tupinambás tuvo noticia de las amazonas, que una vez por año tienen trato con los hombres, e insiste en el hecho de que crían solas a sus hijas mujeres y devuelven a sus padres a los varones.

Respecto a la riqueza de las amazonas, la *Relación del descubrimiento y conquista del Nuevo Reino de Granada* nos dice:

> ...No pudo llegar a ellas por las muchas sierras de montaña que había en el camino, aunque llegó a tres o cuatro jornadas de ellas, teniendo siempre más noticia que las había y que eran muy ricas en oro, y que de ellas se trae el mismo oro que hay en esta tierra y en la de Tunja (...) Vuelto de las dichas minas, supo nuevas muy extrañas de la tierra en que estamos, son las de las mujeres susodichas, que es innumerable el oro que tienen.

Hernando de Ribera también supo de los indios:

Francisco López de Gómara, fue un sacerdote e
historiador español que destacó como cronista de la
conquista española de México, a pesar de
que nunca atravesó el Atlántico.

> …en conformidad, sin discrepar (…) que a diez jornadas de allí, a la banda del noroeste, habitaban y tenían muy grandes pueblos unas mujeres que tenían mucho metal blanco y amarillo, y que los asientos y servicios de sus casas eran todos del dicho metal…

Quién va a intentar rebatir todos los argumentos en torno a las amazonas –motivado fundamentalmente en el descrédito de Orellana– fue López de Gomara, uno de los más severos comentaristas.

> Entre los disparates que dijo, fue afirmar con quien él y sus compañeros pelearon en este río Amazonas. Que las mujeres anden allí con armas y peleen, no es mucho, pues en Paria, que no es muy lejos, y en otras muchas partes de las Indias lo acostumbran hacer. Ni creo que ninguna mujer se corte y queme la teta derecha para tirar el arco, pues con ella lo tiran muy bien. Ni creo que maten o destierren sus propios hijos, ni que vivan sin maridos siendo lujuriosísimas. Otros, sin Orellana, han levantado semejante hablilla de Amazonas después que se descubrieron las Indias; y nunca tal se ha visto, ni se verá tampoco en este río.

Lo que López de Gomara jamás había visto era la *Relación*, del Padre Carvajal, pues en ella no se habla ni una sola vez de la tradición clásica, repetida por tantos "eruditos", de cortarse un seno. Gomara discurría de oídas, haciendo gala de un escepticismo crítico que estuvo lejos de poseer, pues en el capitulo siguiente repite lo consignado por Martín Fernández de Enciso en 1518, en su *Suma de Geografía*, cuando escribe que en el Marañón:

> Amasan el pan (a lo que dicen) con bálsamo, o con licor que le parece. Se han visto en él algunas piedras finas y una esmeralda como la palma harto fina. Dicen los indios de aquella ribera que hay peñas de ellas el río arriba. También hay muestras de oro y señales de otras riquezas.

Capítulo IV

Los colores de la verdad

Las "habladurías" en torno de las amazonas fueron recogidas por los escritores amantes de lo maravilloso y subsistió en las regiones amazónicas, tal vez impuesta por los continuos interrogatorios de los curiosos exploradores hasta bien entrado el siglo XVIII.

En el Paraguay, el obispo de Asunción, fray Pedro de la Torre, acompañó a Ortiz de Vergara y a Nufrio de Chaves en su viaje al Perú, con la clara esperanza de tropezar en el Chaco con las amazonas.

Ruy Díaz Melgarejo, en su carta del 4 de julio de 1556 (publicada en *Cartas de Indias*) decía: "...no sé donde piensa subir (el obispo) que él luego predicó en el altar la entrada, y que hasta las Amazonas a de ir y descubrir".

Ruy Díaz de Guzmán, en *La Argentina* (lib. II. cap. VII), al hablar de la entrada que hizo Domingo de Irala hasta los confines del Perú, dice que los naturales de la laguna de El Dorado: "...confinan con unos pueblos de solas mujeres que tienen solo el pecho del lado izquierdo, porque el derecho lo consumían con cierto artificio para poder pelear con arco y flechas...".

En la *Orden y traza para descubrir y poblar la tierra de los Chunchos y otras provincias*, por el padre Miguel Cabello de Balboa, 1602-1603 (publicada en *Relaciones geográficas de Indias,* t. II), se afirma tener conocimientos acerca de que en las provincias llamadas de las Moymas existía un reino todo de mujeres, a quien los chunchos llaman Marimero (...) En el Amazonas la tradición de estas mujeres fabulosas estaba viva en 1586, pues en esta fecha Simón Pérez de Torres, en su *Discurso de mi viaje dando muchas gracias a Dios por las muchas mercedes que en él me ha hecho*... escribe que:

> ...decían que allí no había sino Mujeres, que de la otra banda (de unas sierras que no parecían apenas) estaban los Hombres; decían que en dos días, cuando mucho las pasarían, que eran más valientes las Mujeres, que no los hombres, i que la Teta derecha les cortaban en naciendo, estas dicen que son las Amazonas...

Por último, el padre Cristóbal de Acuña, en *Nuevo descubrimiento del gran Río de las Amazonas*, de 1641, afirma que:

> ...los fundamentos que hay para asegurar Provincias de Amazonas en este Río, son tantos y tan fuertes, que sería faltar a la fe humana el no darles crédito. Y no trato de las grandes informaciones que por orden de la Real Audiencia de Quito se hicieron con los naturales que le habitaron muchos años, de todo lo que en sus riveras contenía; en que una de las principales cosas que se aseguran era el estar poblado de una Provincia de mujeres guerreras (...) Tampoco hago mención de las que por el nuevo Reyno de Granada, en la Ciudad de

Pasto, se hicieron con algunos indios, y en particular con una India, que dijo haber ella misma estado en sus tierras donde estas mujeres están. (…) No es creíble se pudiese una mentira haber entablado en tantas lenguas y en tantas naciones, con tantos colores de verdad. (Núm. LXXI.)

EN TORNO AL MITO

Los documentos y trozos de obras aquí transcritos, pueden agruparse en dos categorías: los originales y genuinos, que a pesar de la influencia del mito clásico reproducen el verdadero trasfondo recogido de las declaraciones de los indígenas –como sucede en las *Relaciones* del padre Carvajal y de hernando de Ribera, las páginas de Herrera de Oviedo y de Agustín de Zárate, casi documentos antropológicos antes que historiográficos–; y aquellos otros que sin llegar a la falsedad, ponen el acento en lo fabuloso, dado que no representan el sentir de ningún testimonio directo y que solo son la supervivencia de la leyenda antigua aplicada por los cronistas a las noticias que conocían vagamente a través de diversos intermediarios.

A esta categoría pertenecen los escritos de Colón, obsesionado por la ilusión del Asia y de las historias clásicas; de Pedro Mártir, erudito a la antigua, eco de lo que propalaba el almirante; incluso se podría pensar del propio Schmidel, que escribió en Alemania muchos años después de haber abandonado el Río de la Plata, sin ser capaz de entender correctamente, en toda su vida, una sola palabra castellana.

También López de Gomara, ignorante de los documentos oficiales y que injustamente atribuye a las amazonas de Orellana pormenores pertenecientes a las legendarias del Termodonte.

Jorge Juan y Santacilia. En 1734 se embarcó, junto a Antonio de Ulloa, en la expedición organizada por la Real Academia de Ciencias de París, para efectuar mediciones científicas que conforman el trazado del meridiano terrestre en la línea ecuatorial en América del Sur.

La Condamine fue uno de los últimos creyentes en el mito de las amazonas americanas. En la *Relation abrégée d' un voyage fait dans l'interieur de l'Amerique meridionale* (1778), el francés declara que los indios referían haber oído a sus mayores hablar de unas mujeres belicosas que vivían sin hombres y que se retiraron al interior de las tierras por los ríos que confluyen con el Amazonas. En esa época se privilegiaba para el análisis la conjetura "científica" a la interpretación directa de los documentos originales.

También Jorge Juan y Antonio de Ulloa dieron crédito a la sociedad de mujeres. En sus escritos tratan de hallar una solución lógica a la tradición secular explicando que los conquistadores, al encontrarse con indias guerreras, les dieron el nombre de amazonas, y que de ahí nació la gran fama que esta leyenda adquirió en el Nuevo Mundo.

> Que sea cierto el caso de las Amazonas –afirmaron– lo persuade la conformidad con que lo tratan todos los Escritores al hacer memoria de este Río y del viaje de Orellana; pero además de esto, lo acredita la memoria que se conserva todavía entre aquellos naturales: así lo testifica... Don Pedro Maldonado (...) Este, haciendo viaje a España, lo emprendió por el Río Marañón el año de 1743, en compañía de Mr. de la Condamine; y no olvidando... las Amazonas, no solo averiguó por el informe que le dieron algunos indios ancianos ser cierto el que allí se conocieron Mujeres que, formando República particular entre sí, vivían solas sin admitir Varones a su gobierno, sino también el que aún subsistían, pero retiradas de las orillas de aquel Río a lo interior del País: y en prueba de ello le citaron algunos casos de haberse dejado ver una u otra. (*Relación histórica del viaje a la América Meridional*, lib. VI, cap. V, pág. 513).

Los documentos primitivos, desconocidos a los sabios geógrafos y naturalistas del siglo XVIII y siguientes, contienen informes concordantes que en nada se relacionan con las fantasías o evocaciones clásicas que pudiera originar el hallazgo de mujeres salvajes reunidas en hipotéticas tribus de organización matriarcal.

En muchos de los documentos transcritos, aparece la especie –poco comprobable– de que las amazonas americanas se mutilaban el pecho derecho para manejar el arco con mayor facilidad. Esta reminiscencia clásica no se encuentra en ninguno de los documentos originales que nos hablan de las supuestas amazonas americanas.

LAS VÍRGENES DEL SOL

De acuerdo a estudios posteriores, se ha podido confirmar que las amazonas entrevistas por los conquistadores eran el reflejo de las vírgenes del Sol de las Casas de Escogidas, y de la organización social del Perú y de los pueblos adonde había alcanzado la cultura incaica, mal explicada por los indígenas y peor comprendida por los españoles.

En las relaciones de las amazonas se agrupan y confunden innumerables datos pertenecientes a la vida peruana y que los conquistadores atribuyeron a una fantástica nación de mujeres, de las cuales la antigüedad había contado pormenores en apariencia idénticos a los de las costumbres de los pueblos peruanos, conocidos de un modo muy vago por los salvajes que interrogaban los españoles.

Las selvas infinitas y las circunstancias atroces en que se encontraban los conquistadores, los turbios relatos de los indígenas, el espejismo de la distancia y la ofuscación de los que interrogaban, no permitían por cierto estudios críticos y análisis profundos.

Son varios los estudios que demuestran que las amazonas eran un símbolo de la vida incaica y para su demostración es preciso volver a las fuentes. En la *Relación* del padre Carvajal, este nos declara, como ya fuera citado, que los indios ofrecían chicha para el Sol a un monstruoso ídolo...

Son muchos los testimonios demostrativos de que en las regiones amazónicas se rendía culto al Sol, que, como se sabe, era asimismo la religión de los pueblos del Perú. Lo repite Carvajal cuando dice que los indios del pueblo de Aparia: "...adoran y tienen por su Dios al Sol, que ellos llamaban Chise".

Se ha supuesto que los incas no llevaron su poder hasta las regiones amazónicas. Sin embargo, además del culto al Sol, eminentemente peruano, veremos cómo las tribus de la cuenca amazónica entregaban su tributo o "manú", a los factores del inca. Y en la *Verdadera relación de la conquista del Perú*, de Francisco de Jerez, en el capítulo *El lago donde dormía el Sol*, el autor afirma: "...en cada pueblo hacen sus mezquitas al Sol...".

Volviendo a Carvajal, dice el indio interrogado: "...que ellos eran sujetos y tributarios de las amazonas".

Debe entenderse que ellos eran tributarios de los factores del inca que recorrían los ríos de la hoya amazónica recogiendo los tributos de las tribus sometidas, en lugares aún posibles de identificar. La historia conserva los nombres de los lugares donde acostumbraban citarse los factores del inca y las comunidades ribereñas sometidas al tributo llamado manú. Ellos son -entre otros- los siguientes: manu, mano, manaos, tahuamanu, thauautimanu, cuantamanu, manuripe, etc.

La voz quechua "manu" expresa deuda, tributo o cantidad de especies que una determinada comunidad estuvo obligada a pagar, dentro de determinados plazos, a los factores del inca.

Algunos de los nombres citados son claramente expresivos; por ejemplo, en manu, nombre de río, debió pagarse el tributo en algún trecho de sus orillas; tahuamanu, que literalmente significa "cuatro manus", recuerda que en sus riberas debió recibirse el "manu" de cuatro comunidades, y en manoa es donde debieron ser reunidos todos los "manus" recibidos. Se verifica con la declaración de que las plumas de papagayos y de guacamayos eran para los techos "de sus adoratorios" (de las amazonas), o sea, de las vírgenes del Sol.

En su *Relación del descubrimiento y conquista de los reinos del Perú* (1571), Pizarro consigna que:

> ...y al bulto del Sol tenían puesto en un escaño alto muy rico de mucha plumería de tornasol, ellas fingían dormir allí y que el Sol se juntaba con ellas.

En efecto, los incas adoraban en ello como en cosa que era insignia de su señora, es decir, que adoraban al Sol, de cuyo culto se encargaban las sacerdotisas vírgenes. Viene después el combate donde hirieron al padre Carvajal, del que formaron parte algunas indias que no solo peleaban, sino que también incitaban a sus compañeros.

La vista de aquellas mujeres guerreras, al igual que en otras partes de América, hizo pensar a la gente de Orellana en las amazonas del Termodonte y atribuir a ellas lo que oían de otras mujeres que residían la tierra adentro y eran las que habitaban en las lejanas aldeas sometidas a la civilización incaica.

Interrogado nuevamente el indio, se supo que aquellas mujeres habitaban por lo menos en setenta pueblos. Dichos pueblos son simplemente las aldeas en que se hallaban las casas de escogidas y adoratorios atendidos por las vírgenes del Sol, o las mismas casas de escogidas, que a veces eran más grandes que cualquier aldea indígena.

Claramente dice el indio que eran pueblos de piedra, con sus puertas, unidos por buenos caminos, y a su entrada había guardias o porteros rigurosos, conformándose en esto con las descripciones que tenemos de las grandes casas, verdaderas ciudades en pequeño, habitadas por cientos de mujeres consagradas.

En sus *Comentarios reales* (lib. IV, cap. II.) el Inca Garcilazo describe de la siguiente manera la vida en esas construcciones:

> Al principio de la Calleja, que era la Puerta del Servicio de la Casa, había veinte Porteros de ordinario, para llevar y traer hasta la Segunda puerta, lo que en la Casa hubiese de entrar y salir. Los Porteros no podían pasar de la Segunda puerta, so pena de pagar con su vida, aunque se lo mandasen de allá adentro, ni nadie se lo podía ordenar, sin sufrir la misma pena. Tenían, para el Servicio de las Monjas y de la Casa, Quinientas Mozas, las cuales también habían de ser Doncellas. Hijas de los Incas del Privilegio (...) Estas Mozas

El Intihuatana, piedra sagrada dedicada al poderoso Inti, dios del Sol. Tenía
propósitos científicos y religiosos. En ella realizaban sus rituales
las sacerdotisas vírgenes.

> también tenían sus Mamaconas de la misma Casta, y Doncellas, a las
> que ordenaban lo que debían de hacer (...) El principal ejercicio que
> las Mujeres del Sol hacían era hilar y tejer y hacer todo lo que el Inca
> traía sobre su Persona de vestido y tocado, y también para la Coya,
> su mujer Legítima (...) Labraban asimismo toda la ropa finísima que
> ofrecían al Sol en sacrificio...

Asimismo, el informante de Orellana también declara que:
"...había estado muchas veces allí y que había visto su trato y
vivienda".

Hecho natural y muy posible, pues además de haber notado
cómo los emisarios del inca recorrían las regiones amazónicas, sabemos que también los indios del Marañón remontaban velozmente en

canoas los ríos afluentes hasta las primeras aldeas quechuas, de donde traían las noticias de las mujeres que vivían sin hombres.

Luego el indio informa que aquellas mujeres no eran casadas, que eran muchas y que parían porque: "…participan con indios en tiempos (…), y después que se hallan preñadas les tornan a enviar a su tierra…".

Aquí los informes parecen contradictorios, confusos y hasta indescifrables; pero no lo son, si tenemos en cuenta que el indio habla a la vez de las mujeres escogidas o esposas del inca, de las vírgenes del Sol, que aunque viviesen todas en castidad, unas podían casarse y las otras no, de los repartos de mujeres que se hacía anualmente, y de los casamientos en común, también en épocas fijas, que se llevaban a cabo en todas las poblaciones adonde alcanzaba el dominio y jurisdicción incaicos.

Este repartimiento se hacía cada año, escribe José de Acosta en su *Historia natural de las Indias* (lib. V, Cap. 15) al referirse a las mujeres que distribuía el inca a sus parientes y capitanes.

He aquí como cuenta Pedro Pizarro (*Relación*, 1571) los casamientos en grupo que se hacían en todas las regiones incaicas:

> La orden que tenían para dar mujeres a los indios y renovar estas mamaconas, era que de año a año el gobernador que gobernaba en las provincias que el Inca tenía puestos, que eran orejones (cada diez mil indios tenían un gobernador), este cada año juntaba todas estas mamaconas en la plaza y las que eran ya mayores para casar les decían escogiesen los maridos que querían de su pueblo, y llamados a los indios les preguntaban que con qué indias se querían casar de aquellas, y por esta orden cada año se iban casando, sacando las mayores y metiendo otras de edad de diez años (...) Esto era común en todo este reino del Perú.

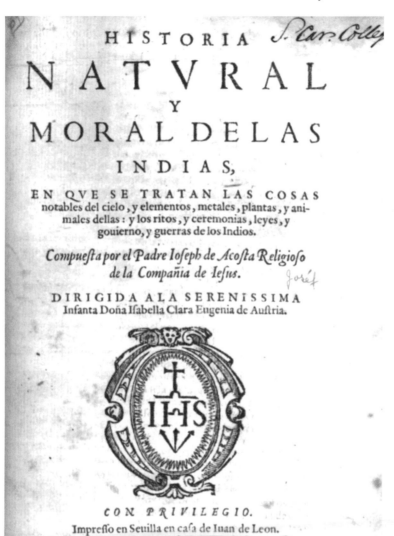

HISTORIA

NATVRAL

Y

MORAL DE LAS

INDIAS,

EN QVE SE TRATAN LAS COSAS
notables del cielo, y elementos, metales, plantas, y animales dellas : y los ritos, y ceremonias, leyes, y
gouierno, y guerras de los Indios.

Compuesta por el Padre Ioseph de Acosta Religioso
de la Compañia de Iesus.

DIRIGIDA ALA SERENISSIMA
Infanta Doña Isabella Clara Eugenia de Austria.

CON PRIVILEGIO.
Impresso en Seuilla en casa de Iuan de Leon.
Año de 1590.

José de Acosta era un Jesuita y antropólogo español que pasó al Perú en 1571
haciendo importantes observaciones científicas en el campo de la
antropología y las ciencias naturales. Desempeñó importantes misiones en
América y regresó a España en 1587.

El Padre Bernabé Cobo, por su parte, en su *Historia del Nuevo Mundo*, (cap. VII), al hablar de los ritos y costumbres que tenían en celebrar sus matrimonios, nos dice:

> En las otras provincias fuera del Cusco o donde se hallaba presente el Inca, en un día señalado del año juntaba el Gobernador en la plaza todos los mozos y mozas de la gente plebeya que estaban para casar (la edad de ellos era desde quince hasta veinte años y la de ellas algo menos) y allí les daba a cada uno su mujer.

Por último, el Inca Garcilaso describe cómo se llevaba a cabo el rito (lib. III, cap. VIII):

> Será bien tratar de la manera cómo se casaban en todos los Reinos y Provincias sujetas al Inca. Es de saber que cada Año, o de dos a dos Años, por tal tiempo mandaba el Rey juntar todos los Mozos y Mozas casaderas que en la Ciudad del Cusco había de su Linaje. Las Mozas habían de ser de dieciocho a veinte años y los Mozos de veinticuatro para arriba (...) El Inca se ponía en medio de los contrayentes, que estaban cerca unos de otros, y mirándolos clamaba a él ya ella, ya cada uno tomaba por la mano y los juntaba, como que los unía con el Vínculo del Matrimonio (...) Los Incas no tuvieron otra manera de casar, sino la que he referido, y según aquello salía por todos los Reinos su mandato, para que cada Gobernador, en su distrito, juntamente con el Curaca de la Provincia, casase los Mozos y Mozas que hubiese para casar...

Estas costumbres de la civilización quechua, eran conocidas aunque vagamente, por los indios de las selvas amazónicas, quienes se enteraban de ellas por los relatos de otros indios, los cuales las aprendían de los factores del Inca a los que estaban sometidos y debían pagar tributo, o por haber llegado alguna vez a las ciudades o aldeas quechuas donde no faltaban templos del Sol, atendidos por sacerdotisas vírgenes, y casas de mujeres recogidas.

Deconstruyendo amazonas

Las guerras que las amazonas hacían a los "señores" comarcanos, no eran más que las excursiones conquistadoras que desde los últimos pueblos de la cordillera andina llevaban hacia las selvas del Marañón, tanto las tropas del Imperio Incaico como las del Reino de Quito, que por venir del lado de donde se hallaban las mujeres que vivían sin hombres, se creyó que eran organizadas directamente por ellas con el fin de reclutar esclavos para sus fines de reproducción.

Este último detalle de la esclavitud en que las amazonas tenían a los hombres, es una consecuencia lógica originada primero por la supuesta superioridad de las mujeres; segundo, por el desprecio que manifestaban hacia el amor los hombres, y tercero, por la guerra que se suponía hiciesen a los indígenas, la cual no podía tener otro motivo que el de procurarse lo que a ellas les faltaba y necesitaban solo temporalmente: hombres.

El recuerdo de las empresas guerreras que en Grecia, en Troya y en África realizaban las clásicas amazonas, se veía confirmado en el Marañón y en otras regiones de la América meridional, por las expediciones que descendían del país habitado por mujeres solas y que tanto indígenas como españoles creían organizadas por las amazonas americanas.

La influencia legendaria de las guerreras del Termodonte se patentiza en las concordantes declaraciones de que si las amazonas paren hijos los matan o crían hasta que dejan de mamar y envían luego a sus padres, mientras que si tienen hijas las guardan consigo.

No hay duda de que la idea es completamente clásica, pero las causas que la hicieron evocar y poner de moda son también hechos auténticos, propios de la civilización quechua, complemento de los ritos y costumbres matrimoniales.

Con respecto al tributo de niños y niñas que cobraba el inca de sus vasallos para ciertos sacrificios sangrientos y mantener siempre pobladas las casas de recogimiento y de escogidas: las mujeres que vivían sin hombres, en efecto, guardaban las niñas para sí, en tanto que los niños que no eran inmolados quedaban con sus padres.

Hernando de Ribera y el padre Carvajal escriben que las amazonas tenían: "…una mujer principal que sujeta y tiene todas las de más debajo de su mano y jurisdicción".

Los indios se referían a las mamacunas o matronas, que gobernaban a todas las mujeres escogidas.

De acuerdo a Garcilaso, dentro de la casa había mujeres mayores a las que se llamaba "mamacunas", expresión que significa literalmente:

> …mujer que tiene cuidado de hacer oficio de Madre. Unas hacían oficio de Abadesas, otras de Maestras de novicias, para enseñarlas, así en el Culto Divino de su Idolatría, como en las cosas que hacían de manos para su ejercicio, como hilar, tejer, coser. Otras eran porteras; otras, provisoras de la Casa… (*Comentarios*; lib. IV, cap. I.)

Cuando el indio refiere a la señora a quien llamaba Coñori o Coniapuycira, está hablando de las caciques. Además, las amazonas, según los informes obtenidos por el padre Carvajal y otras muchas fuentes, eran mujeres muy ricas, que tenían mucho metal blanco y amarillo y que todo el servicio de sus casas era de oro y plata, en tanto que las mujeres plebeyas se servían en vasijas de palo y barro.

Es exactamente lo que ocurría con las vírgenes del Sol y mujeres del inca:

> En todas las Casas de Doncellas escogidas para el Inca, la vajilla y los demás vasos de servicio eran de plata y oro, como los había en la Casa de las Mujeres de el Sol, y en su Famoso Templo… que

hablando en suma, se puede afirmar que toda la riqueza de Oro y
Plata y Piedras preciosas que en aquel grande imperio se sacaba, no
se empleaba en otra cosa sino en el adorno y servicio de los templos
del Sol, que eran muchos, y de las Casas de las Vírgenes, que por
consiguiente eran otras tantas… (*Comentarios*, lib. IV, cap. V.)

Luego, al hablar de las vírgenes del Sol y mujeres escogidas,
el indio describe claramente los templos del Sol; dice que están
ornados con pinturas de diversos colores y que tienen muchos
ídolos de oro y de plata en figuras de mujeres, y rica cantería, todo
para el servicio del Sol. Las mujeres: "…andan vestidas de ropa de
lana muy fina porque hay muchas ovejas de las del Perú (…), y en
aquella tierra hay camellos que los cargan".

Por último, para que no quede duda de que aquellas mujeres
eran las vírgenes del Sol y las esposas o concubinas del inca:

> …dice que tienen una orden que en poniéndose el sol no ha de
> quedar indio macho en todas estas ciudades que no salga afuera y se
> vaya a sus tierras...

Orden que regía escrupulosamente en todas las casas de castidad del Imperio Inca. Pizarro indica con claridad que si alguno
osaba pasar la noche con una de ellas, debía hacerlo a riesgo de su
vida.

Las amazonas, en consecuencia, fueron el reflejo hecho
leyenda de una de las culturas más ricas y sofisticadas de todo el
orbe precolombino, y su sombra se extendió hasta subyugar a las
mentes más reacias a la fantasía.

Capítulo V

La fuente de la eterna juventud

Una de las mayores obsesiones de la humanidad, desde el comienzo mismo de los tiempos, ha sido dar con un elixir capaz de perpetuar el sueño de una juventud imperecedera. Allí se dedicaron los afanes de generaciones de magos y alquimistas, así como los emperadores chinos premiaban a aquellos que supieran dar con los árboles capaces de garantizar con sus frutos la inmortalidad en las virtudes de una segura primavera.

La mitología griega enseña que los dioses sabían beber un néctar que los volvía impermeables a la muerte, y Homero nos cuenta la historia de la maga Medea, hija de un rey de Cólquide, que con artes de hechicería rejuveneció a Esón, padre de su esposo Jasón, jefe de los Argonautas.

Una antigua leyenda, que procede de la historia del "agua de la vida", se encuentra también en las versiones orientales de las

Novelas de Alejandro, donde se nos dice que el héroe y su siervo cruzaron la tierra de la oscuridad para hallar una fuente curativa. El sirviente en esa historia procede a su vez de las leyendas de Oriente Medio de Al-Khidr o "El Verde", una saga basada en un personaje de leyenda pre islámico de la mística sufí, de quien como primera fuente existen solo algunas referencias y relatos en el Corán, e innumerables polémicas y derivaciones a partir de ellas.

Se cuenta que fue llamado de tal manera ("El Verde"), porque en determinada ocasión paró a descansar en una tierra desértica, y la misma se volvió exuberante y llena de vegetación.

Khidr asimismo es relacionado con el mito del "Agua de la vida" o "Fuente de la juventud", y según tal creencia pudo beber el agua de la inmortalidad y encontrar la fuente de la vida eterna. De esa manera, en la tradición mística musulmana Khidr está vivo y continúa guiando a quienes se encuentran en la auténtica búsqueda de Dios.

Las versiones árabe y aljamiada de las Novelas de Alejandro fueron muy populares en España durante y después de la época musulmana, al punto de llegar a ser muy conocidas por los exploradores que viajaron a América.

También se mencionaba la fuente de la juventud en el *Libro de las maravillas del mundo* de John of Mandeville, quien en su hipotético viaje a los confines de Asia describió la fuente de la eterna juventud en un relato que excitó las esperanzas de los fatigados viajeros. Decía Mandeville que:

> ...junto a una selva estaba la ciudad de Polombe, y junto a esta ciudad, una montaña, de la que toma su nombre la ciudad. A pie de la montaña, hay una gran fuente, noble y hermosa; el sabor del agua es dulce y oloroso, como si la formaran diversas maneras de especiería. El agua cambia con las horas del día, es otro su olor y otro su sabor. El que bebe de esa agua en cantidad suficiente, sana de sus enfermedades, ya no se enferma y es siempre joven. Yo, John of

Mandeville, vi esa fuente y bebí tres veces de esa agua con mis compañeros, y desde que bebí me siento bien y supongo que así estaré hasta que Dios disponga llevarme de esta vida mortal. Algunos llaman a esta fuente Fons Juventutis, pues los que beben de ella son siempre jóvenes.[13]

FONS JUVENTUTIS

En América, además del recuerdo de la leyenda medieval que aportaban los conquistadores, existía en las diversas culturas formas propias de la fuente de la eterna juventud, que más tarde los eruditos inmortalizarían como Fons juventutis.

Las historias de los nativos americanos sobre la fuente curativa estaban relacionadas con la mítica isla de Bimini, un país de riqueza y prosperidad situado en algún lugar del norte, posiblemente en la zona de las Bahamas. Según la leyenda, los españoles supieron de Bimini gracias a los arahuacos de La Española, Cuba y Puerto Rico. Sequene, un jefe arahuaco de Cuba, supuestamente había sido incapaz de resistir la tentación de Bimini y su fuente restauradora. Reunió a un grupo de aventureros y navegó al norte, para no volver jamás.

Para los más optimistas entre sus antiguos súbditos y seguidores, quedó definitivamente probado que Sequene había encontrado la fuente de la juventud y vivía lujosamente junto a sus compañeros de ruta en Bimini.

En la región del Orinoco los indios profesaban veneración por un árbol al que llamaban "árbol de la vida" y que ha sido identificado como la palmera moriche. De acuerdo a una leyenda, de los frutos de este árbol había vuelto a nacer el género humano, que

---

[13]Mandeville, John of: *Libro de las maravillas del mundo*. Visor, Barcelona, 1984.

"La fuente de la juventud", símbolo de la inmortalidad, es una legendaria
fuente que supuestamente cura y devuelve la juventud a quien quiera
que beba de sus aguas o se bañe en ellas. Pintura de Lucas
Cranach the Elder 1546

fuera destruido por un gran diluvio del que solo habían logrado
salvarse un hombre y una mujer al conseguir refugio en lo alto de
la montaña Tamacú, por consejo de Amalivaca, padre de todos los
hombres de las naciones caribes. Ellos poblaron de nuevo el mundo
arrojando por encima de su cabeza los frutos de la palmera moriche.

Se supone que con la llegada de Colón al golfo de Paria, en
1498, la admiración por la belleza del Orinoco y el culto que los
indígenas profesaban por el gran árbol, lo llevaron a evocar los
versículos bíblicos que hablan del simbólico árbol de la vida y del
río que riega el paraíso terrenal.[14]

---

14 "…Y en donde el Señor Dios había hecho nacer de la tierra toda suerte de árboles hermosos
a la vista y de sus frutos suaves al paladar, y también el árbol de la vida en medio del Paraíso
(…) de este lugar de delicias salía un río para regar el Paraíso". (Génesis, II. 9, 10).

Además de la palmera moriche, existían otros árboles que comunicaban a las aguas prodigiosas propiedades curativas. Entre otros, el "árbol de la inmortalidad", también conocido por los guayacán como "palo santo", del que se afirma abundaba en grandes cantidades en todas las islas de la región, así como el árbol de xagua, que beneficiaba a los ríos. Hernández de Oviedo afirma que de la fruta de xagua se extraía un:

> ...agua muy clara, con la cual los indios se lavan las piernas, y a veces toda la persona, cuando sienten las carnes relajadas o flojas, y también por su placer se pintan con esta agua; la cual, además de ser su propia virtud apretar y restringir, poco a poco se torna tan negro todo lo que esta agua ha tocado como un muy fino azabache, o más negro, la cual color no se quita sin que pasen doce o quince días, o más...[15]

LAS FUENTES DE LA FLORIDA

La fama de estos milagrosos árboles rejuvenecedores fue divulgada por los indígenas hasta más allá de las lejanas costas de La Florida. Y precisamente también allí tendría lugar un acontecimiento único vinculado a las aguas maravillosas.

Se cuenta que el explorador español Juan Ponce de León oyó sobre la fuente de la juventud de los nativos de Puerto Rico cuando conquistó la isla. Insatisfecho con su riqueza material, emprendió una expedición en 1513 para localizarla, descubriendo el actual estado de La Florida. Aunque fue uno de los primeros europeos en llegar al continente americano, nunca halló la fuente.

---

[15]Fernández de Oviedo, Gonzalo: *Sumario de la natural historia de las Indias*, cap. LXXVI. Imprenta de la Real Academia de la Historia, Madrid, 1851-1855. Dastin, Madrid, 2002.

La historia es apócrifa: si bien Ponce de León pudo oír sobre la fuente de la juventud y creer en ella, su nombre no fue relacionado con la leyenda hasta después de su muerte. Tal relación aparece en la *Memoria de las cosas y costa y indios de La Florida, que ninguno de cuantos la han costeado, no lo han sabido declarar* (1575) de Hernando de Escalante Fontaneda. Este particular personaje, que había pasado diecisiete años cautivo de los indios tras naufragar en La Florida de niño, ofrece en su relato su versión acerca de unas aguas curativas provenientes de un río perdido al que él llama "Jordán" y la búsqueda del mismo llevada a cabo por Ponce de León.

Sin embargo, Fontaneda deja claro que es escéptico sobre estas historias que incluye en sus obras y dice que duda que Ponce de León buscase en realidad el arroyo cuando llegó a Florida.

Es Antonio de Herrera y Tordecillas quien hace tal relación definitiva en su idealizada versión de la historia de Fontaneda, incluida en su *Historia general de los hechos de los Castellanos en las islas y tierra firme del Mar Océano*. Herrera afirma que los caciques nativos hacían visitas regulares a la fuente. Un frágil anciano se volvía tan completamente restaurado que podía reanudar: "…todos los ejercicios del hombre (...) tomar una nueva esposa y engendrar más hijos".

El autor añade que los españoles habían examinado sin éxito cada río, arroyo, laguna o estanque de la costa de Florida en busca de la legendaria fuente.[16] Todo esto permite sugerir que la historia de Sequene está igualmente basada en una distorsión de la obra de Fontaneda.

Se ha señalado que la palmera moriche o "árbol de la vida" se hallaba fundamentalmente en los márgenes del Orinoco, en tanto que el palo santo o "árbol de la inmortalidad" comunicaba sus propiedades a las aguas y ríos que lamían sus cortezas.

---

[16]Morrison, Samuel Eliot: "The european discovery of America: The southern voyages 1492-1616". Oxford University Press, New York, 1974.

No resulta extraño, por tanto, que fueran muchos los ríos cuyas aguas encerraban virtudes al parecer sobrenaturales y su existencia fuese conocida por todos los indígenas de las Antillas.

En efecto, existían aguas maravillosas en la isla Boyuca así como en un pueblo llamado Xagua (mencionado como puerto por Álvar Núñez), a doce leguas de La Trinidad, por no mencionar los manantiales que en distintas direcciones habrían señalado los aborígenes, lo cual contribuyó a fomentar la confusión e incertidumbre geográfica que reinaba en torno a la codiciada fuente.

EL RÍO REJUVENECEDOR

La historia nos relata que los indios de Cuba emigraban en busca de las aguas de un río rejuvenecedor, y que Juan Ponce de León, al cabo de oír sus confidencias, se decidió a partir en procura del río de la vida que, internándose en él, podía lograr que los hombres viejos se volvieran mozos. El cronista Herrera, conocedor de la gesta de Ponce de León, da cabida en su relato tanto al elemento histórico como fantástico (entre el "río que rejuvenece" y la "fuente de la juventud"), consignando que:

> ...es cosa cierta que el principal propósito para la navegación que hizo Juan Ponce de León fue (…) descubrir nuevas tierras, buscar la Fuente de Bimini, y en la Florida un Río, dando crédito a los indios de Cuba (…) Y no quedó río, ni arroyo en toda la Florida, hasta lagunas y pantanos, adonde no se bañasen para resolver este misterio.

Originariamente siempre se habló de un río rejuvenecedor, no de una fuente. El mito americano de la fuente de la eterna juventud fue introducido por el erudito latinista Pedro Mártir de Anglería a partir de los familiares relatos que le habían llegado de la Edad Media:

Juan Ponce de León
fue uno más de los españoles que
viajaron al nuevo continente en
busca de riquezas y reconocimiento
personal. Después de
enterarse del mito de la eterna
juventud dedico casi toda su vida
a encontrarla.

Entre ellas –decía– a la distancia de trescientas veinticinco leguas de
la Española, cuentan que hay una isla, los que la exploraron en lo
interior, cuentan que hay yuca, alias Ananeo, la cual tiene una fuente
tan notable que, bebiendo de su agua, rejuvenecen los viejos. Y no
piense Vuestra Beatitud que esto lo dicen de broma o con ligereza;
tan formalmente se han atrevido a extender esto por toda la corte,
que todo el pueblo y no pocos de los que la virtud o la fortuna distingue del pueblo, lo tienen por verdad.

A pesar de que Anglería va a dejar sentado su escepticismo
ante estas versiones, no se priva de consignar un milagro citado por
el deán de un tal Andrés Barbudo, hijo de un hombre muy viejo,
que logró rejuvenecer en una fuente a la que llegó desde su isla
natal.

Discurre, asimismo, sobre ciertos animales que a su juicio rejuvenecen y enumera algunas hierbas curativas, para concluir:

> Así, pues, yo no me maravillaría de que las aguas de la tan asenderada fuente tuvieran alguna virtud aérea y acuosa, desconocida para nosotros, de templar el entristecimiento aquel restaurando las fuerzas...[17]

Desde entonces, los cronistas de Indias, olvidándose del río cuyas aguas rejuvenecían, comenzaron a repetir la fábula de la *fons juventutis*, que tan bien encuadraba con el antiguo mito.

Para Fernández de Oviedo, la fuente de la juventud se divulgó después del descubrimiento de las islas Bimini:

> Johan Ponce acordó de armar, y fue por la banda del norte y descubrió las islas Bimini que están en la parte septentrional de la isla Fernandina. Y entonces se divulgó aquella fábula de la fuente que hacía rejuvenecer y tornar mancebos a los hombres viejos. Y fue esto tan divulgado y certificado por indios de aquellas partes, que anduvieron el capitán Ponce y su gente y carabelas perdidos con mucho trabajo por más de seis meses por entre aquellas islas para buscar esta fuente... (lib. XVI, cap. XI.)

Ponce de León descubrió La Florida el 27 de marzo de 1513. Varios siglos después, una publicación norteamericana consignó que se habría identificado la "Fuente de la Juventud": era un manantial situado sobre yacimientos de radio. Pronto se comprobó que esta información era igualmente falsa.

El mito de la eterna juventud, en definitiva, parecía retrotraerse a los orígenes de la noticia, cuando el farsante caballero Jehann of Mandeville la imaginó sin abandonar el sofá de su casa.

---

[17]Anglería, Pedro Mártir de: *Décadas del Nuevo Mundo*. Trad. del latín del Dr. Agustín Millares Carlo. VII, lib. II, cap. I. México, 1964.

Capítulo VI

Las siete ciudades encantadas

Cuenta una antigua leyenda portuguesa medieval, que al tiempo que se sujetó a los paganos que vinieron de África, dicha isla Antilla llamada Septe Ritade, fue habitada por un arzobispo de Porto, Portugal, y otros seis obispos, con un número de cristianos, hombres y mujeres, que habían pasado huyendo de España con sus ganados y bienes.

En verdad, ya Estrabón había situado en las proximidades de los Calibes asiáticos a los heptacómetas, o habitantes de las Siete Ciudades (no deja de ser un dato curioso que el archipiélago canario esté compuesto asimismo por siete islas: Lanzarote, Fuenteventura, Canaria, Tenerife, Gomera, Palma y Hierro).

Lo cierto es que durante sus oscuras expediciones, los navegantes medievales no dejaron nunca de soñar con la misteriosa Antilia ni de buscar a los siete obispos que las poblaban y gobernaban. Hubo quienes hablaron de Antilia y las Siete Ciudades como de dos islas gigantes, distintas e igualmente perdidas en la tenebrosa inmensidad del océano ignoto.

Durante largo tiempo las cartas marinas las señalaron al occidente del Atlántico (desde el mapa de Pizigani, de 1367, hasta el globo de Shöner, de 1523, pasando por los diferentes portulanos: siempre en una posición distinta); incluso en el mapa de Bianco al norte de Antilia aparece indicada otra ínsula llamada la Isla de la Mano de Satanás, que se esfumó tan misteriosamente como había nacido.

Los geógrafos creían ciegamente en su existencia, al punto que se señala que el primer navío en llegar a la isla de las Siete Ciudades fue español (1414), y en 1447 se aseguró que una nave portuguesa fue arrastrada hasta las costas de una de las Siete Ciudades.[18]

Los navegantes, en tanto, escrutaban los confines del océano con la ilusión de arribar, algún día, a las olvidadas orillas de los siete obispos que huyeron de Portugal.

CIBOLA EN AMÉRICA

Una vez recibida la noticia del descubrimiento de América, mientras algunos suponían haber llegado a la India y otros a la Atlántida o a las Hespéridas, la leyenda de los siete obispos refugiados en una tierra desconocida se mantuvo latente hasta mediados del siglo XVI. La Antilia perdida en la inmensidad del océano siguió marcando su inasible presencia en todos los mapas de la época.

En 1539 la fama de las Siete Ciudades misteriosas se expandió con fuerza por toda la Nueva España a partir de un testimonio

---

[18]Horn, G.: "De originibus americanis". 1652.

Inscripción dejada por Marcos de Niza en 1539 en lo que ahora
es el South Mountain Park de Phoenix.

de un fraile franciscano llamado Marcos de Niza, quien aseguraba
haber dado con las Siete Ciudades de Cibola o del Nuevo México.
Carlos F. Lummis afirma que fray Marcos fue:

> ...el primero en explorar las tierras desconocidas que Cabeza de
> Vaca había oído a los indios, cosas estupendas que él no había visto,
> como las Siete Ciudades de Cibola llenas de oro.[19]

---

[19]Lummis, Carlos F.: *Los exploradores españoles del siglo XVI*. Madrid, Espasa-
Calpe, 1952. La apreciación de Lummis, no obstante, no es del todo exacta: los naufragios de Álvar Núñez Cabeza de Vaca, si bien constituyen una de las mejores obras en
su registro, no mencionan ni una sola vez ni a las Siete Ciudades ni a ningún otro país
maravilloso.

En realidad, según Jerónimo de Mendieta, fray Marcos no habría hecho más que confirmar lo que otro fraile ya había descubierto.

En efecto, en su *Historia eclesiástica indiana*, Mendieta refiere que en 1538 fray Antonio de Ciudad Rodrigo envió a tres hermanos en busca del mar del Sur. Solo uno de ellos logró andar:

> …más de doscientas leguas, y durante cuasi todo ese camino tuvo noticia de una tierra muy poblada de gente vestida, y que tiene casas de terrado, y no solo de un alto, sino de muchos sobrados (…) Y de aquellos pueblos traían muchas turquesas (…) En demanda de esta tierra habían ya salido muchas y gruesas armadas por mar y ejércitos por tierra, y de todas las encubrió Dios y quiso que un pobre fraile descalzo las descubriese primero que otros.[20]

Luego Mendieta atestigua cómo fray Marcos:

> …por certificarse de lo que aquel fraile había publicado, quiso ponerse a todo trabajo (…) y fue con la mayor brevedad que pudo. Y hallando verdadera la relación y señales que había dado el fraile de las comarcas donde había llegado, dio la vuelta a México y confirmó lo que el otro había dicho.

Es de advertir que Mendieta fue contemporáneo de fray Marcos, e incluso se conocieron en persona.

---

[20]Mendieta, Jerónimo de: "Historia eclesiástica indiana". Estudio preliminar y edición a cargo de Francisco Solano de Pérez-Lila. Madrid, Atlas, 1973.

LA BALADA DE ESTEBANICO, EL NEGRO

De todos modos, sin pretender menoscabar los méritos de Marcos de Niza, las primeras noticias de las Siete Ciudades en el Nuevo Mundo son fruto de la febril imaginación del negro Estebanico. Este personaje, Estebanico de Orantes, fue un esclavo al servicio de Andrés Dorantes de Carranza (el apellido, en realidad, corresponde a su amo, como solía suceder con los esclavos), que acompañó a Álvar Núñez Cabeza de Vaca y Alonso del Castillo Maldonado en la travesía del continente americano como sobrevivientes de la desastrosa expedición del inepto Pánfilo de Narváez.

Será precisamente Cabeza de Vaca quien suministra escueta información sobre nuestro personaje: Estebanico, nos dice, es negro alárabe, natural de Azamor. Se trata de un pueblo de Marruecos, Azemmour, situado al norte de la desembocadura del río Oum Rbian.

Recordemos que el norte de África era una importante fuente de esclavos para los españoles que los necesitaban como sirvientes para refrendar su nivel social.

Sabemos que Estebanico era cristiano, pues deja constancia de tal calidad Cabeza de Vaca. Probablemente no sabía ni leer, ni escribir, pues no pudo dejarle mensajes escritos a fray Marcos de Niza, solo cruces de distintos tamaños en señalización de qué tan próximo se encontraba de las siete ciudades. Por lo demás, la veintena de referencias que nos ofrece Álvar Núñez se limitan simplemente a señalar que Estebanico era negro.

Existen dos posibilidades que explican la conciencia del mito en boca de Estabanico. La primera es que haya escuchado en Europa la antigua leyenda de los siete obispos huidos de Portugal, cuyas ciudades muy bien podrían estar ocultas en aquellas regiones incógnitas que cada día revelaban nuevas sorpresas.

Álvar Núñez Cabeza de Vaca Su primera aventura en las Indias transcurrió en
el sur de lo que hoy son los Estados Unidos y el norte de México.
Fue uno de los cuatro únicos supervivientes de los 300 hombres que
naufragaron frente a las costas de Florida que, durante ocho años,
vivieron entre los indios como comerciantes y curanderos

La otra alternativa es que se hubiese enterado de la existencia de las urbes misteriosas en la propia América a través de una fuente inesperada: los propios indígenas mexicanos. Estos tenían un rito religioso llamado "chicomoztot", de donde habría surgido el origen de las siete tribus nahuatl. La relación de estas siete cuevas secretas pudo coincidir o evocar la leyenda de las ciudades medievales.

Otra posibilidad es que haya encontrado su origen no solo en las declaraciones de los naturales, sino también en el aspecto fantástico que en la lejanía adquirían las casas construidas en las rocas.

Las primeras relaciones de las tierras de Cibola nos hablan de casas de hasta cuatro o cinco sobrados y altillos superpuestos. Según diversas fuentes, sus habitantes ascendían a ellas por medio de escaleras de madera que quitaban por la noche y en tiempos de guerra.

Lo lógico es que tanto Estebanico como fray Marcos creyeran en la existencia de poblaciones fabulosas a partir de las aldeas que divisaban a la distancia y de las cuales los indios les contaban detalles extraordinarios. No deja de llamar la atención la presencia del número siete, pero en realidad es una coincidencia, dado que al conquistar Cibola se comprobó que ese era el número de ciudades.

LOS ENVIADOS A LAS SIETE CIUDADES

En su relación, fray Marcos consigna que luego de dejar a fray Onorato en Petalán, debido a una enfermedad, su expedición continuó guiada por el Espíritu Santo, sin merecerlo, y al cabo de ocho días arribó a una población llamada Vacapá, que está cuarenta leguas de la mar. En ella se detuvo hasta la Pascua de Resurrección, enviando entonces a Estebanico y otros mensajeros a explorar en distintas direcciones.

Cuatro días después de la partida del negro, volvió un indio que lo acompañaba para comunicar que habían encontrado tantas grandezas que fray Marcos resolvió dejar de creerlas hasta poder verlas o tener más certificación de la cosa. El enviado de Estebanico afirmaba que:

> …en esta provincia hay siete ciudades muy grandes, todas debajo de un señor, y de casas de piedra y de cal, grandes; las más pequeñas, de un sobrado con una azotea encima, y otras de dos y tres sobrados, y la del señor de cuatro, todas juntas por su orden; y en las portadas de las casas principales muchas labores de piedras turquesas, de las cuales hay en abundancia.

Fray Marcos resolvió entonces seguir el derrotero de Estebanico. A los tres días, nuevos mensajeros enviados por el negro volvieron a confirmar la grandeza de las tierras de Cibola, la primera de las Siete Ciudades. Aquellos indios traían:

> …todos turquesas colgadas de las orejas y las narices, finas y buenas, y dicen que de ellas están hechas las puertas principales de Cibola.

Asimismo, fray Marcos pudo informarse que superadas las Siete Ciudades se encontraban tres reinos, llamados Marata, Acús y Totoneac. Más adelante, encontró una cruz que había dejado Estebanico como señal de la nueva tierra.

De acuerdo al testimonio de fray Marcos, la gente de aquellos lugares hablaba de Cibola y de las Siete Ciudades con la mayor naturalidad, aunque sin referir respecto a ellas nada de excepcional, apenas que había casas de piedra y cal, y que la gente usaba ropas de paño. La principal de las ciudades parecía ser Ahacus, aunque Cibola era indicado como el centro comercial.

Fray Marcos prosiguió su viaje informándose de las guerras y costumbres de los habitantes de las Siete Ciudades, en tanto que

Estebanico, siempre a la vanguardia, le enviaba mensajeros repitiéndole que, desde que caminaba solo, nunca creyó que los indígenas le mintiesen, por lo cual albergaba la casi total certeza respecto a la existencia de Cibola.

Cierto día los indígenas le trajeron a fray Marcos la triste noticia de que los habitantes de Cibola habían asesinado a Estebanico. Sin desesperar, el fraile siguió su camino hasta llegar a la deseada ciudad. Según su relato, esta se hallaba asentada sobre un llano, en la falda de un cerro redondo, y era muy hermosa, la mejor que en todas partes yo he visto.

De acuerdo a sus estimaciones, la población superaba a la de ciudad de México, aunque sus informantes le advirtieron que Cibola solo era la menor de las siete, siendo la mayor la de Totonteac, que es de tantas casas y gente que no tiene fin.

Fray Marcos quedó tan impresionado con la ciudad, que llamó a aquella tierra el nuevo reino de San Francisco, y también se erigió en Señor de las Siete Ciudades. No obstante, habría de regresar con más temor que comida.

Ya de regreso, lejos de Cibola, vuelve a confirmar lo visto:

> Siete poblaciones razonables, un valle debajo de muy buena tierra, de la que salían muchos humos; tuve razón que en ella hay mucho oro, que los naturales lo trabajan en vasijas y joyas para las orejas…

MUERTE Y SUERTE DE ESTEBANICO

No hay muchas más referencias de parte de fray Marcos de Niza respecto a la suerte de Estebanico, salvo que murió asaeteado por los indios en oscuros acontecimientos. No ha faltado quien diga que su fin emuló el de San Sebastián, alimentando así el mito que desarrollara Álvar Núñez Cabeza de Vaca sobre el apoyo divino que recibía él y sus acompañantes. El hijo de Andrés

Dorantes sostuvo esta versión. Baltasar Dorantes de Carranza escribió sin inmutarse:

> ...Estebanico, moro alárabe de Azamor, esclavo del dicho mi padre, como consta de lo probado, el cual murió después cuando fue con fray Marcos de Niza asaeteado como un Sebastián en servicio de su majestad, que se le dio mi padre al Ilmo. virrey don Antonio de Mendoza para que fuese por guía de los frailes, y los indios, como gente de poca fe y constancia, como le vieron con gente nueva, le tuvieron por espía sospechoso y lo mataron.

Pero algunas especulaciones permiten sospechar sobre la noticia de la muerte del negro dada por fray Marcos, dando lugar a todo un espacio dedicado a la ficción.

En la *Relación* de Pedro de Castañeda de Nájera, en su capítulo tercero de la primera parte titulado "...como mataron los de Cibola a el negro Esteban y Fray Marcos volvió huyendo...", se indica que mataron a Estebanico porque representaba a los hombres blancos, por lo que creyeron los indios que mentía y que era un espía, lo que era un absurdo siendo él negro.

Pero una de las versiones más delirantes, es la del periodista Fernando Jordán, quien basándose en las informaciones citadas por el geógrafo Carl Sauer, desarrolló la leyenda de que Estebanico se quedó entre los mayas, donde vivió con cinco mujeres, que tuvo mucho prestigio y un hijo suyo, Aboray, fue cacique del pueblo que lo acogió. Jordán inventa lo que no sabe, y otros lo copian.

Recoger tal leyenda –que no tiene mayor asidero– servía fundamentalmente para explicar la presencia de mulatos entre los mayas. No obstante, algunos historiadores dieron rienda suelta a sus prejuicios, y llegaron a describir a Estebanico como:

> ...amante de las mujeres y de la buena vida, aprovechó su estancia en la capital para dar rienda suelta a sus apetitos, mientras llegaba la hora en que un nuevo amo tomara providencias (...) Como todos lo

Francisco Vázquez de Coronado.

de su raza, vestiría trajes de colores chillantes para pasear por las calles de la ciudad de México sus inclinaciones donjuanescas, pues tal parece que su mayor debilidad era enamorar indias y mestizas que se sentirían atraídas por lo exótico de su figura.

Sin embargo, no existe ningún documento o publicación de la época que avale tales asertos.

CIBOLA, EL REINO MÓVIL

Divulgada la existencia de las Siete Ciudades de Cibola, la fantasía de los conquistadores tejió sus sueños de oro en torno a las torres imaginarias. El virrey, don Antonio de Mendoza, comisionó al capitán Francisco Vázquez de Coronado para la conquista de

Francisco Vázquez de Coronado viajó por Nuevo México y otras partes de los actuales Estados Unidos entre 1540 y 1542. Llegó al virreinato de la Nueva España acompañando al primer virrey Don Antonio de Mendoza.

Totonteac, Acús y Marata. Este envió como adelantado a Melchor Díaz y se lanzó a la toma de Cibola, empleando dos años en explorar aquellas frías regiones hasta los límites de Dakota y Nebraska.

Partió el 17 de noviembre de 1539, y el 20 de marzo de 1540 envió noticias que atenuaban las versiones de fray Marcos de Niza, pero no desmentían la existencia de las Siete Ciudades: fueron vistas y su espejismo disipado.

"La riqueza de su reino es no tener qué comer ni qué vestir, durante la nieve siete meses", escribió.

Según López de Gomara, al comprobarse la miseria de Cibola, los soldados mostraron su disconformidad por tener que retornar con las manos vacías. Temiendo que la insatisfacción de la tropa pusiera en peligro su vida, Vázquez de Coronado emprendió viaje entonces hasta Quivira, donde se decía que existía un rey de nombre Tatarrat, hombre: "…barbudo, cano y rico, que ceñía un bracamarte y adoraba una cruz de oro y una imagen de mujer, Señora del Cielo".

Llegados al objetivo, encontraron a Tatarrat, pero lo único cierto es que era canoso. Desnudo y con una joya de cobre al cuello por toda riqueza, los españoles iniciaron el retorno ya resignados a un definitivo fracaso.

Cibola, Quivira, el lago Parime y los Omaguas, no fueron mitos en realidad, sino exageraciones que circulaban sobre las tierras aún no conquistadas. Poco a poco, se fue desvaneciendo el encanto de aquellas Siete Ciudades misteriosas, aunque pervivió la sospecha de que en algún lugar aún aguardaba la promesa de una insondable riqueza.

Capítulo VII

El Dorado

En la leyenda de El Dorado parece resumirse la obsesión tras la cual se transparenta la historia de la conquista de América, que no es otra que la historia del mito provocado por la fiebre del oro, único móvil de todas las empresas y de todos los descubrimientos.

Mucho se ha dicho de la evangelización de los indios como del ideal que animaba las expediciones, pero esta versión solo recoge parte de una verdad insuficiente. Aunque en algunos documentos se lee que los españoles conquistaron una tierra para imponer la fe cristiana, en el fondo de esos mismos documentos se hallará la esperanza de las riquezas. La palabra de Cristo fue la luz de los misioneros –en particular de los jesuitas–, pero el imán de los conquistadores, de los que tras de sí llevaron el comercio y la civilización, no fue otro que el oro.

Grabado en el que se representa a los mineros indígenas. Los españoles
pensaban que las arenas de los ríos estaban mezcladas con
pepitas de oro.

La ilusión del preciado metal acompañó el presagio de
América desde las tenebrosidades del océano ignoto. Los primeros
navegantes embarcaron soñando con las riquezas de la Antilia, y de
hecho eran reclutados con la esperanza de las infinitas y seguras
riquezas que allí habrían de conseguir. Una vez descubierto el
Nuevo Mundo, en tanto que Colón se imaginaba estar en las tierras
maravillosas de que hablaban La Biblia y los fantásticos viajeros
medievales, las noticias que de América se esparcían por Europa
exaltaban la imaginación de los aventureros con historias increí-
bles y enloquecedoras, jamás igualadas por la fantasía humana.
Alcanza con un breve repaso a la correspondencia que se dirigían
por entonces:

Ha regresado (Colón) trayendo muestras de muchas cosas preciosas, pero principalmente de oro, que crían naturalmente aquellas regiones…

Escribe en una carta Pedro Mártir al caballero Juan Borromeo, en Barcelona, el 14 de mayo de 1493. Y el mismo Pedro Mártir a Pomponio Leto, el 5 de diciembre de 1494, dice:

Cosa admirable, Pomponio. En la superficie de la tierra, cuentan pepitas de oro en bruto, nativas, de tanto peso que no se atreve uno a decirlo. Han encontrado algunas de doscientas cincuenta onzas. Esperan encontrarlas mucho mayores, según lo indican los naturales por señas a los nuestros cuando conocen que estos estiman mucho el oro.

Y al arzobispo de Granada (15 de enero de 1495), le dirá:

De los antípodas cada día se refieren cosas más y más grandes (...) Del Nuevo Mundo nuestro Almirante Colón ha traído muchas sartas de perlas orientales…

Se llegará incluso a afirmar que en Cumaná:

…también hallaron topacios en la playa, pero preocupados con el oro, no se fijan en estas joyas: solo al oro atienden, solo el oro buscan. Por eso la mayor parte de los españoles hace burla de los que llevan anillos y piedras preciosas y motejan el llevarlas, en particular los plebeyos (…) El oro, las piedras preciosas, las joyas y demás cosas de esta clase que acá en Europa reputamos por riquezas, los naturales no las estiman en nada, antes bien las desprecian de todo punto y no hacen diligencia ninguna por tenerlas. (*Quatuor Americi Vesputii Navigationes, Primera navegación: De moribus ac eorum vivendi modis*)

Resulta natural, en consecuencia, que los conquistadores corrieran a América atraídos por la fiebre del oro. Un embajador veneciano (*Viaggio fatto in Spagna*, citado por Prescot en su *Historia de la Conquista del Perú*) describía en 1525 la fiebre de la emigración y decía que la ciudad de Sevilla parecía que hubiese quedado casi exclusivamente en manos de las mujeres. España se consumía en aras de aquella áurea locura, y los piratas volaban por los mares asaltando los navíos y saqueando los tesoros que venían del Nuevo Mundo. En una carta de Pedro Mártir al Arzobispo de Cosenza, fechada el 19 de noviembre de 1522, habla de cierto Florín, pirata francés, que robó una nave: "...que venía de la Española con ochenta mil dracmas de oro, seiscientas libras octunciales de perlas y dos mil robos de azúcar...".

Y también da cuenta que de las tres naves que Hernán Cortés enviaba con inmensos tesoros de "las tierras extremas", se guardaron dos por miedo a los piratas de las Casitéridas, en las islas Azores, hasta que llegase una nueva armada para conducirlas; a pesar de que fueron enviadas para escoltarlas una flotilla de tres carabelas, de nada sirvió: se dice que el mismo Florín atacó la nave capitana, que iba cargada con todo tipo de joyas y cosas preciosas, incluido un tigre.

EL MAR SIN FIN

En los primeros años del descubrimiento, las vagas noticias que los indios daban de los Imperios de México, de los Chibchas y del Perú, dejaban entrever regiones inconcebibles y misteriosas, llenas de riquezas infinitas. Se afirma que en la Isla Rica, un cacique tomó de la mano a Gaspar Morales, enviado por Pedrarias, y a los principales, los llevó hasta una alta torre de su palacio, desde la cual se podía ver todo el mar, y volviendo los ojos alrededor, les dijo: "Ved ahí abierto un mar sin fin, que el sol no lo termina...".

Y extendiendo su mano desde el Oriente hasta el Mediodía y luego al Occidente, indicó que había territorios inmensos, de los que señaló:

> Todos son excelentes, todos dichosos, son tierras que abundan en oro y margaritas. De oro tenemos poca abundancia, pero de perlas están llenas todas las costas profundas de todas las islas que veis... (Pedro Mártir, "Déc. III, lib. X, cap. I".)

El mismo autor indica que un indio fugitivo, al encontrar leyendo a un español, señaló: "¡Eh! ¿También vosotros tenéis libros? ¿También vosotros usáis caracteres con los cuales os entendéis estando ausentes?".

Cuando pidió que se le enseñara el libro abierto, pensando que vería en él las letras de su país, y encontró que eran diferentes, dijo que las ciudades de su tierra están amuralladas, que sus conciudadanos van vestidos y se gobernaban por leyes. Sin duda aquel indio debía referirse a los libros mexicanos, de los cuales habla Pedro Mártir en la "Década IV, libro VIII, cap. I".

Después, cuando sobrevino el asombro de México y se supo de los "libros de rentas" de Moctezuma, comenzaron a delirar las fantasías durante un banquete que Cortés dio a sus compañeros.

Bernal Díaz del Castillo dejó asentado que algunos decían que habrían de comprar caballos con sillas de oro, y como, en el vértigo de la epopeya americana, hasta los perros tenían asignada su parte de botín. Oviedo cuenta como ejemplo que el perro Leoncio le ganó a Vasco Núñez: "...más de mil pesos de oro, porque se le daba tanta parte como a un compañero en el oro y en los esclavos...".

Claro que los canes, de acuerdo a esta fuente, sabían ganarse su paga. Cuando un perro alcanzaba un indio, se nos informa, si el prisionero se quedaba quieto, el perro lo asía por la muñeca y lo conducía firme pero tranquilamente, sin morderlo ni lastimarlo, como lo pudiera hacer un hombre; pero si se defendía, el perro lo hacía pedazos. De esta manera, afirma Oviedo, los perros llegaron a ser tan temidos por los indios:

> …que si diez cristianos iban con el perro, iban más seguros y hacían más que veinte sin él (…) Yo vi este perro (por Leoncio)... Era un perro bermejo, y el hocico negro y mediano y no alindado, pero era recio y doblado y tenía muchas heridas y señales de las que había habido en la continuación de la guerra peleando con los indios.

Volviendo a las promesas de riquezas, se aseguraba que el oro y las joyas de Moctezuma habían sido escondidas en el fondo de una laguna:

> …por haberle dicho el Diablo –a aquel Emperador– que había de ser vencido. Y aunque se buscó este Tesoro con grandísima diligencia, por muchas partes de la Laguna, nunca se halló...[21]

Entonces se violaron las sepulturas, de las cuales dieron noticia algunos de los más principales mexicanos que estaban presos; pero el oro era poco, y puesto en partición, pronto desapareció[22].

En el delirio de la fiebre del oro, los expedicionarios preguntaban a los indios si el oro lo pescaban con redes o lo sembraban[23]. Así se interrogaba a los indios según la *Relación* firmada por Nufrio de Chaves y Hernando de Salazar.

---

[21]Herrera, Déc. III, lib: II, cap. VIII, año 1521.

22 Idem.

23 "La gente toda, recién venida, no se descuidaba de preguntar dónde y cómo el oro con redes se pescaba, y, según yo creo., comenzó desde luego a desmayar como no vía las redes y aparejos con que se pescaba, ni hablar o tratar de ello a cada paso; y así fue que, oídos los trabajos que los huéspedes les contaban haber pasado, y como el oro que tenían no era pescado, sino a los indios robado, y puesto que había muchas minas y muy ricas en la tierra, pero que se sacaba con inmenso trabajo, comenzaron luego a desengañarse y hallarse del todo burlados". (Bartolomé de las Casas, *Historia de las Indias,* t. IV, cap. XL V.)

Resulta preciso aclarar que la sospecha de que los metales pudiesen sembrarse no debe considerarse totalmente absurda, dado que la ciencia de la época no negaba tal posibilidad[24]. Los españoles seguían enceguecidos las indicaciones de los indígenas, a menudo falsas, perdiéndose en las selvas tras tesoros inexistentes.

EL CACIQUE GUATAVITA

Las ilusiones caían pesadamente desde las mismas alturas a que habían sido elevadas las esperanzas. Las Casas cuenta que un enviado del rey de Castilla quedó impresionado al encontrar a Vasco Nuñez, a quien suponía envuelto en riquezas. No solo él: creía que incluso los indios tenían en sus canoas perlas incrustadas en los remos (se dice haber visto algunas así), pero no halló más que peste, hambre y llagas.

> La tierra de donde se sacan las esmeraldas –escribían los conquistadores del Nuevo Reino de Granada– es tan estéril de mantenimientos que crían unas hormigas para comer...

No obstante, las inagotables noticias de riquezas y de nuevos imperios descubiertos mantenían en un eterno orgasmo los sueños de oro, llevando a los conquistadores de un extremo a otro del continente, siempre tras las sombras de aquellas quimeras reales que tan pronto se esfumaban entre las mismas manos que las estrujaban.

---

24 Herrera afirmaba al respecto que "Los Metales son como Plantas escondidas en las entrañas de la Tierra, con su Tronco y Ramas, que son las vetas, y que a semejanza de las plantas van creciendo, no porque tengan vida interior, sino que de tal manera se producen en las entrañas de la Tierra, por la virtud del Sol y de los Planetas..." (Dec. V, libro III, cap. XV.)

Después de la conquista del Perú, cuando la fama de su civilización y de sus tesoros recorría el mundo como un cuento fantástico, y aún se esperaba descubrir un nuevo imperio, tal vez más maravilloso, comenzó a conocerse de un modo vago, como una fábula de conquistadores –pero que arrancaba de un hecho real–, la existencia de un cacique de la Laguna de Guatavita que acostumbraba espolvorearse de oro para realizar ciertas ceremonias religiosas, verdaderamente inexplicables.

Son varios los autores que sostienen que la primera noticia que se tuvo del Hombre Dorado data del año de 1534. Se dice que poco después de la fundación de San Francisco del Quito, Luis de Daza encontró en La Tacunga (Ecuador) a un indio llamado Muequetá, que por orden del cacique Bogotá, rey de Cundinamarca, se dirigía al rey de Quito para solicitar su ayuda en la guerra que estos sostenían contra los chibchas. Muequetá, entre otras noticias que dio de su país, dijo que en él había mucho oro, y se refirió la ceremonia del Hombre Dorado: "…que ha sido causa de que muchos emprendieran el Descubrimiento del Dorado, que hasta ahora parece encantamiento".[25]

Se contaba que en la aldea de Guatavita había vivido una cacica adúltera a la cual, para castigarla, el cacique la había obligado, en una fiesta, a comerse las partes de la punidad de su amante, y que también había ordenado que cantasen:

> …el delito los indios en sus borracheras y corros, no solo en el cercado y casa del cacique, a la vista y oídos de la mujer, sino en los de todos sus vasallos (...) para escarmiento de las demás mujeres y castigo de la adúltera.

---

[25]Herrera. Dec. V, lib. VII, cap. XIV. Véase también Fray Pedro Simón: *Noticias historiales*. Tercera Noticia, cap. I; *La historia general de las conquistas del Nuevo Reyno de Granada*, por Lucas Fernández de Piedrahita, Part. I. lib. IV, cap. 1, y Jaime Arroyo, *Historia de la gobernación de Popayán*.

La cacica, desesperada, se había arrojado con su hija a la Laguna de Guatavita, y entonces el cacique, lleno de remordimiento, se abandonó a los sacerdotes, los cuales le hicieron creer que la mujer se hallaba viva en un palacio escondido en el fondo de la laguna y que había que honrarla con ofrendas de oro.

Los indios llevaban sus tributos en unas balsas de juncos y en el centro de la laguna arrojaban sus ofrendas, entre otras, una gran cantidad de joyas, oro y esmeraldas. También el cacique entraba algunas veces al año, siguiendo un rito particular: se untaba el cuerpo, de la cabeza a los pies, con una suerte de pegamento (para algunos tintura de trementina, para otros, grasa de tortuga) y sobre él una gruesa capa de oro en polvo fino.

Rodríguez Fresle, en su *Conquista y descubrimiento del Nuevo Reino de Granada de las Indias Occidentales del Mar Océano* (1636), parece confirmar la especie, y dice que su padre, soldado de Pedro de Ursúa, ya tenía noticia sobre El Dorado, porque se lo había revelado un tal don Juan, cacique y señor de Guatavita, sobrino de aquel que hallaron los conquistadores en la silla al tiempo que conquistaron este reino. De acuerdo con las declaraciones del cacique don Juan, los que heredaban "el señorío" de Guatavita eran los sobrinos y debían de ayunar, previamente, seis años metidos en una cueva, sin conocer mujeres, sin comer carne, ni sal, ni ají y otras cosas que les vedaban, y sin ver el sol, saliendo solo de noche.

Cuando estaban en condiciones de tomar posesión del cacicazgo o señorío, lo primero que habían de hacer, era ir a la gran Laguna de Guatavita a ofrecer y sacrificar al demonio que tenían por su dios y señor.

En torno de la laguna los indios encendían muchos fuegos. Entretanto, desnudaban al heredero y lo untaban con una tierra pegajosa y lo espolvoreaban con oro en polvo molido. Subía en una gran balsa de juncos, adornada todo lo más vistoso que podían, llevando a los pies: "…un gran montón de oro y esmeraldas para que ofreciese a su dios, y un brasero encendido que producía mucho sahumerio".

Lo acompañaban hasta el centro de la laguna otros cuatro caciques, cada cual con su ofrenda, y en un gran silencio: "…en que callaban todas las músicas y cantos, hacía el indio dorado su ofrecimiento echando todo el oro que llevaba a los pies en el medio de la Laguna".

Los demás caciques hacían lo propio y con esto terminaba la ceremonia.

Cuando Sebastián de Benalcázar oyó esta historia, exclamó: "¡Vamos a buscar este indio dorado!".

Así, según las crónicas, tuvo su origen el nombre de esta leyenda:

> Para entenderse y diferenciar aquella Provincia de las demás de sus conquistas, determinaron llamarla la Provincia del Dorado, que fue como decir: llamase aquella Provincia donde va a ofrecer sus sacrificios aquel hombre o Cacique con el cuerpo dorado." (Fray Pedro Simón, *Tercera Noticia*, capítulo I.)

La ceremonia de El Dorado fue divulgada por los conquistadores –a menudo para burlarse de ella–, mientras que otros la negaban, y pensaban que todo se reducía a una invención de los indios. Sin embargo, un acabado estudio de la civilización, ritos y costumbres de los chibchas, ha podido comprobar que la ceremonia del indio Dorado no es una fabulación, sino que tiene bases históricas ciertas.

Debido a las guerras intestinas de los indígenas, el rito dejó de practicarse algunos años antes de la llegada de los españoles a aquellas regiones. Concretamente, las guerras de los muescas de Bogotá con los habitantes de Guatavita, tuvieron por resultado el

Ilustración del lago Guatavita. Pertenece a Alexander Humboldt y fue la primera que se conoció (1810). El naturalista alemán, junto a Aimé Bonpland, hizo el primer relevamiento topográfico serio de buena parte de América Latina

aniquilamiento de estos últimos, y con ellos la desaparición de la ceremonia del Dorado.[26]

Contribuye a reforzar esta certeza el conocimiento de la religión de los chibchas, entre los cuales las lagunas eran objeto de especiales cultos y ofrendas, así como los muchos desagües practicados en la Laguna de Guatavita y las riquezas encontradas en ella.

Entre otros intentos, conviene resaltar el que llevaron a cabo los investigadores Tovar, Chacón y José Antonio París, cuando al desaguar parcialmente la laguna de Siecha hallaron, además de numerosas joyas, una balsa de oro. Su forma era circular, de nueve centímetros y medio de diámetro, sobre la cual estaban colocadas

---

(26)Véase Adolph Francis Bandelier, *The Golden Man (El Dorado) and others Picturts of the Spanish Occupancy of America*, New York, 1893.

diez figuras humanas. La principal, dos veces más alta que las demás, es un jefe guerrero de la clase de los guechas, pues lleva en las mejillas, cerca de los labios, cuatro canutillos de oro y dos más colgados al cuello (lo cual representa el número de enemigos muertos); tiene en la mano izquierda un arco y dos dardos; las demás figuras están en cuclillas, apoyados los codos en las rodillas: todos están desprovistos de arreos.

Según la opinión del doctor Liborio Zerda:

> ...esta pieza representa la ceremonia del Dorado; es decir, al cacique de Guatabita rodeado de los sacerdotes indios sobre la balsa de juncos que los conducía al centro de la laguna en el día de la oblación.

Capítulo VIII

El sueño sin fin

Resultan innumerables las expediciones que salieron en busca de El Dorado hasta bien entrado el siglo XX inclusive. Fueron tantas, que en el plazo de una semana de 1538 coincidieron tres en las ya desoladas zonas de Guatavita: las que dirigían Benalcázar, Federmann y Jiménez de Quesada, procedentes del Perú, Venezuela y Santa Marta, respectivamente.

Precisamente este último, el español Gonzalo Jiménez de Quesada, un antiguo abogado fascinado por la aventura, que recibió del biógrafo Germán Arciniegas el sobrenombre de "el caballero de Eldorado", fue el único que habría logrado en parte su cometido. Después de un largo y difícil periplo, durante el cual sus hombres fueron acosados por los indios y consumidos por las fiebres tropicales, en enero de 1537 penetró en Cundinamarca y conquistó la capital, Bogotá. Encontró, efectivamente, oro y diamantes, pero nada que se parezca a las inagotables reservas que el reino del oro supuestamente poseía.

Esta desilusión convenció a los conquistadores de que El Dorado se encontraba en otro lugar. Por ello, se dirigieron en vano al este, hacia el Orinoco y las Guayanas (1559-1569).

A pesar de los sucesivos fracasos, el sueño de El Dorado sobrevive todavía en el siglo XVI. Los maravillosos relatos del explorador inglés sir Walter Raleigh contribuyen a propagarlo en los siglos XVII y XVIII; incluso Voltaire sitúa allí una aventura de "Cándido".

No obstante, ninguna de estas experiencias, y a pesar de las especiales características que cada una de ellas cuenta, puede asimilarse a lo que fue la aventura de Lope de Aguirre.

Estos expedicionarios fueron tras El Dorado huyendo de la persecución y la indigencia a que los sometía la metrópolis. Según ellos, España era la actualización del Averno y América se les aparecía como un mundo diferente que debe cancelar la realidad execrable en que se han convertido sus vidas. Para ellos, el nuevo medio americano debía contener necesariamente los atributos de perfección y felicidad que su contrario español les había negado. Lope manifiesta esa certeza con seguridad firme y es corroborado en su creencia por los hombres que lo acompañan:

> Vamos al Dorado, donde siempre es la primavera y hay mucha población y buen orden en las costumbres, de modo que allí tendréis una vida mejor.

No hay reservas en Aguirre. El maldito conflicto ancestral se resolverá sin duda en el nuevo entorno. Puesto que, para él, tanto El Dorado como el Averno son realidades totalmente autónomas y es posible sustituir una por la otra (como el que cambia un objeto por otro) al margen del sujeto que las considera y experimenta.

A través de su arduo avance por el Amazonas, Aguirre y sus soldados advierten que El Dorado, del que no habían dudado al inicio de la expedición, se convierte pronto en más elusivo, una ilusión tan bella como inconsistente que no llega a materializarse nunca. Además, su deseo de concretizar esa ilusión les origina más desventuras y sufrimientos que los que padecieron en España.

El Dorado se configura como una visión afín a un espejismo: siempre queda más allá de su alcance, más lejos de donde se hallan en ese momento, en un futuro no solo temporal sino también especial: otra zona de la jungla del Amazonas, una población india rica y privilegiada; el Perú legendario. Todos ellos, además, lugares distanciados del presente.

En la progresión obcecada hacia ese espejismo, Aguirre y sus hombres solo consiguen un aumento de su perversión y desdicha en lugar de la riqueza y mejoramiento personal que anhelaban y que motivó su salida de España.

El modo excesivo y sobredeterminado en que se realiza el repudio de Aguirre con respecto a España revela que la influencia del sistema cultural español sigue operante en él y continúa afectando su conciencia de modo insoslayable:

> Reniego de mi naturaleza de súbdito del imperio de Felipe II. Reniego de mi nombre de español y me halago con llamarme marañón y peruano y todo para mejor descartarme de la servidumbre del rey malsín Felipe II.

La renuncia de Aguirre es tan fútil como su búsqueda de El Dorado. La arbitrariedad y los excesos que Lope censura en el rey malsín, son no solo reproducidos sino también magnificados por el propio Aguirre en América.

Aguirre comparte la característica determinante del conquistador y el colonizador. Descubren un mundo potencialmente nuevo en el que podrían realizar un proyecto diferente, más prometedor del que existía en la metrópoli que han abandonado. No obstante, en ese espacio en blanco inscriben los mismos signos que degradan el espacio de donde partieron. El observador determina lo observado. La visión española que Lope tiene fijada indeleblemente en su conciencia condiciona su perspectiva en América.

La firmeza de la visión paradisíaca de Aguirre lo conduce a una seguridad individual desproporcionada. Lope se percibe a sí mismo por encima de toda norma que no esté dictada por él. La moral ajena no lo afecta. Con frecuencia lo manifiesta sin reservas a sus soldados, aparentemente sin tomar en consideración que su apología de la amoralidad podría ser interpretada por sus subordinados como una incitación a la desobediencia contra él: "Lo que pasa es que en la vida está permitido todo y vuesas mercedes no se han enterado todavía".

Lope puede hablar a sus hombres con despreocupación porque es consciente de que para mantener esa visión amoral se requiere secundarla con medios firmes de dominación. Él posee esos medios y por esa razón puede preconizar abiertamente la negación de la moralidad sobre su gente.

Su amoralidad se hace progresiva y aumenta geométricamente en un curso desenfrenado hacia la crueldad y el exceso absolutos. Lope se transforma en el más sanguinario de los colonizadores sin que su impulso hacia la destrucción haga distinciones en cuanto a quien se dirige: abarca no solo a sus enemigos sino también a sus colaboradores íntimos e incluso a su hija, con la que parece unirle una relación de verdadero afecto.

Su destructividad indiscriminada se extiende por asimilación a alguno de los hombres próximos a él que no muestran reparos en cometer actos atroces para hacer ostensible la fidelidad a su jefe. Por ejemplo, Llamoso está dispuesto a incurrir en la práctica de la antropofagia para que Aguirre advierta su sometimiento incondicional hacia él.

La dificultad principal de su visión es que el modelo que propone (El Dorado) es una quimera de su fantasía, un efecto de la mente alucinada. Frente a su visión irreal, la realidad imperial –tangible e implacable– inevitablemente prevalece. El impulso destructivo de Lope es de naturaleza apocalíptica; no discrimina en los objetivos de su destructividad ni tiene una orientación o propósito determinados.

Por último, parece creer con honestidad que sus hombres –si le son fieles– tienen derecho a participar en los beneficios de El Dorado peruano que les ha prometido. Quiere que sus marañones se distancien para siempre del infierno de la patria maldita y establezcan un nuevo Edén en una tierra nueva. Su gran designio no se realiza porque emplea en el nuevo medio los mismos recursos degradados que ha trasladado del viejo mundo. La naturaleza de su conciencia es la misma del pasado.

La extinción definitiva del proyecto del Dorado de Aguirre, que sobreviene con su muerte, señala oblicuamente la reemergencia de los pobladores originarios del territorio en el que los españoles ubican el Dorado. El indio se hace protagonista. Para él, el medio no se instrumentaliza (corrompiéndolo) para la obtención del beneficio personal sino que se percibe como un entorno con el que compenetrarse armónicamente.

La búsqueda del Dorado por Lope de Aguirre, se anticipará en el tiempo y el espacio a otras búsquedas y otros Dorados posibles: Lope se opone a una ordenación jerárquica del mundo y de las relaciones humanas ya que percibe esa ordenación como un ataque contra la supremacía incuestionable de su yo. No cree en formaciones ontológicas (Monarquía, Iglesia, Divinidad), inamovibles e indisputables. Por lo tanto, le es posible ofrecer visiones alternativas del mundo. Y que mejor visión alternativa que esa quimera fantástica llamada El Dorado.

ENTRE LA CONFUSIÓN Y LOS MITOS

La diversidad en la búsqueda de lo maravilloso, condujo no solo a expedicionarios sino también a no pocos investigadores a destinos erróneos, que por no aceptar la duda o bien honestamente confundidos, llamaron con los nombres equivocados.

En las notas a *La Argentina*, de Guzmán, por ejemplo, Pedro de Angelis dice respecto de El Dorado:

> Nombre dado por los españoles a una gran laguna que decían existía en las Amazonas, por suponerla llena de oro y plata. Nada se echaba de menos en la descripción de este imperio maravilloso, cuyo nombre era el Gran Paititi; aunque estuviese reducido a una isla en el centro de una laguna. Había alguna duda, o más bien confusión, acerca de su amo. Algunos decían que era el Gran Moxo, otros, los incas que huyeron del Cusco, y otros finalmente, un cacique llamado Guatavita...

Como se ve, De Angelis parece confundir las leyendas peruanas y las noticias que del Titicaca que consigna Guzmán con las ceremonias de la Laguna de Guatavita, y también la fábula de la ciudad de Manoa, del lago Parime, y otras.

Paul Groussac apuntaba erróneamente que la leyenda del Dorado: "...nació con la expedición de Pizarro y el deslumbramiento del rescate de Atahualpa".[27]

A los mitos del Rey Dorado y de las amazonas, soberanos errantes del lago Parime (el Rey Dorado nunca salió de su Laguna de Guatavita ni las amazonas penetraron en el lago Parime: solo cuando el nombre Dorado perdió su primitivo significado, este flotó también sobre dicho lago), se anexaron los mitos de Rupa-

---

[27] *Anales de la Biblioteca*, nota 2, pág. 213, t. IV: Historia del Paraguay, de Guevara.

Dibujo que ilustra a los indios trayendo el oro y la plata
para conseguir el rescate de Atahualpa. .

Dibujo de Theodore de Bry (1599) en el que se representa al nuevo rey de los indios chibchas preparándose para la ceremonia. Un hombre lo unta con resina y el otro sopla polvo de oro a travéz de un tubo.

rupa, Paititi, Tierra Rica, Candire, el Gran Moxo, y otros procedentes del Alto Perú y convergentes al lago de los Xarayes, sobre cuyas islas flotantes alzaba la fantasía sus palacios aéreos.

Los mitos mencionados, sin embargo, nacieron y crecieron independientes de la leyenda de El Dorado, y no convergieron en absoluto al lago de los Xerayes, cuya "Isla del Paraíso", sin ningún contacto con los demás mitos, fue una simple ilusión de los primeros conquistadores del Paraguay.

Cuneo Vidal también entremezcla varios mitos, amparándolos bajo el nombre de El Dorado: "Dábase a aquel reino maravilloso (del Dorado) el nombre de Paititi, y aún el de Omagua, y a su ciudad principal el de Manoa".

A su vez, Emiliano Jos, en *La expedición de Ursúa al Dorado*, insiste igualmente en hacer de El Dorado y el Paititi un mismo mito con diferentes nombres:

> En estos hechos positivos tuvieron origen los irreales de la existencia del Príncipe Dorado y del Imperio del mismo nombre, o del Paititi, o del Gran Moxo, de análoga significación...

La significación, empero, era bien distinta, y en cuanto al Gran Moxo, se sabe que era el fabuloso emperador del Paititi. Sin embargo, Jos declara coincidir con John Augustine Zahn[28], según el cual afirma en una respetada obra de su tiempo, que el nombre Dorado, al principio apelativo de un príncipe, se aplicó luego un reino y a todas las regiones que se suponía pletóricas de riqueza.

Más allá de todos estos caminos divergentes, Dorado hubo uno solo, y continúa viviendo en la fantasía y el deseo de todos aquellos que desean ver un reino de posibilidades más generosas que las ofrecidas por la realidad.

---

(28)Zahn, John Augustine: "The quest of El Dorado, the most romantic episode in the ~ history of South American Conquest", New York, 1917.

Capítulo IX

Los falsos Dorados

En la falsa historia de El Dorado ingresaron muchas noticias de fuentes diversas, que se amalgamaron bajo un mismo nombre común. Más claramente, debería decirse que el nombre Dorado se aplicó a distintas fuentes de ilusión que en muy poco se relacionaban con la primitiva ceremonia del cacique Dorado buscado por Benalcázar.

Se llamó El Dorado a las regiones auríferas y diamantíferas de varias partes de América, así como a los ricos sepulcros del Zenú, a los templos del Sol de los chibchas y de los incas, a países inexplorados –y que por desconocidos llovían todo tipo de fabulaciones sobre y rumores de riquezas– y, por fin, a todo aquello que asomase lejano e inaccesible, envuelto entre velos de ensueño y sombras de misterio.

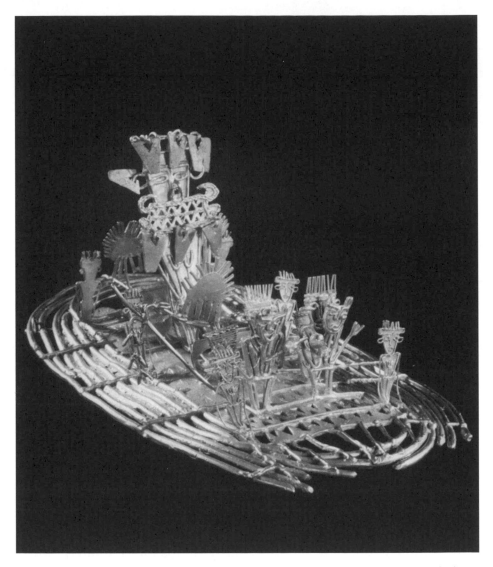

Representación orfebre, encontrada en una cueva cercana a Bogotá de la
antigua tradición del Zipa en la que el cacique, cubierto en oro, hace ofrendas
a la diosa de la Laguna de Guatavita. En esta tradición está el origen de
El Dorado.

A veces, algunos indicios se prestaban a la confusión. En los templos de los Zenúes, por ejemplo, sobre el río Sinú, había infinitos objetos ofrecidos a los difuntos y colocados en bóvedas. En Finsenú se depositaban las ofrendas en hamacas que sostenían veinticuatro figuras de madera con láminas de oro. Y en el templo de la población de San Benito, en el departamento de Bolívar, se podían apreciar cuatro grandes figuras destinadas al mismo fin.

De las provincias que dicen del Dorado –escribía el cosmógrafo López de Velazco– no se sabe cosa cierta ni averiguada que poder escribir más que de los descubrimientos que se han hecho por el río Marañón abajo, y de indios que han salido de aquellas provincias para las de Quito y Perú, y también de los que caen a la parte del Mediodía por las provincias del Río de la Plata, se ha venido a levantar esta fama de riquezas que suele ser ordinaria en los nuevos descubrimientos; y aunque en este podría ser cierta, en los más suele faltar(…) Y así los que han querido descubrir lo han intentado por diversos caminos. Algunos por la mar del Norte y las Provincias de Cumaná y Venezuela, en Tierra Firme por Maracapana, como fue el capitán Serpa. Y algunos antes de él, que aunque entraron en demanda de las provincias de la Guayana y otras, eran con intento y nombre de dar por ellas en las del Dorado, creyendo que todo fuese uno la Guayana y el Dorado. Y en el año `68 entró Don Pedro de Silva en demanda de las provincias de los Omaguas y Omegas de su gobernación, que él nombró en su capitulación la Nueva Extremadura, creyendo que en ella le caerían las dichas provincias del Dorado, el cual queriendo entrar por Cumaná se desbarató y quedó perdido.

Para López de Velazco, El Dorado no era más que una fama de riquezas, sin distinguir si aquella fama era originada por el verdadero Dorado, por otros focos de ilusión o por el espejismo del Perú, como ocurría en las provincias del Río de la Plata. No obstante, López de Velazco seguirá firme en su recuento.

EL RELATO DE LOS INDIOS BRASILES

A Perú llegó Hernán Pérez de Quesada con quinientos hombres, a los que perdió sin haber hallado nada. En verdad, Hernán Pérez arribó al país incaico enviado por su hermano, el licenciado Jiménez de Quesada, quien buscaba la Casa del Sol. Fernández de Piedrahita cuenta que Hernán Pérez de Quesada estaba convencido de que en el Templo del Sol se ofrecía oro como tributo al astro por parte de todas las naciones del reino, pero que solo perdió tiempo y gente, sin más fruto que haber dado vista a la provincia de los Chitareos, donde después se fundó la ciudad de Pamplona.

Herrera, por su parte, indica que Hernán Pérez:

> …hizo otra entrada a la Casa del Sol, que entre los indios tenía fama de riquísima, y se volvió sin hacer nada, e hizo otra en demanda del Dorado adonde perdió gente, y gastó todo lo que tenía. ("Déc. VI, lib. VII, cap. III".)

En julio de 1541, el Cabildo de Tunja le ordenó a Hernán Pérez que no abandone el reino hasta que llegara el gobernador. Caso contrario, se exponía a una querella ante: "Su Majestad y Alto Consejo de las Indias, como de persona que no da buena cuenta de lo que le ha sido encomendado".

Pérez de Quesada respondió que cualquier movimiento que hiciese sería en beneficio del rey, pues tenía noticias de grandes riquezas, y que por el contrario, si se quedaba quieto en su lugar, sería imputado de gran culpa por no hacer lo que debe al servicio de la Corona, esto es, viajar para que el rey pudiese ganar:

"...mucha cantidad de oro y plata, piedras preciosas y otros muchos géneros de riquezas de que se tiene noticia".[29]

El otro expedicionario que llegó a Perú en busca de El Dorado fue Gonzalo Pizarro, procedente de Quito. En realidad, lo que motivaba también la búsqueda de Pizarro era la canela de Quijos (Nectandra cinamomordes), una flor muy apreciada entre los incas: Atahualpa, en Cajamarca, obsequió a Pizarro con unos puñados de estas aromáticas flores y el español creyó que podía amasar una fortuna llevándola a Europa como nueva reina de las especies.

Sin embargo, una vez que atravesó un gran salto del Amazonas, envió a Orellana con un barco río abajo en procura de comida, que ya escaseaba, y dado que este no volvía, Pizarro ordenó el regreso a Quito. Toribio de Ortiguera, en su obra *Jornada del Río Marañón con todo lo acaecido en ella...*, señala que Gonzalo Pizarro perdió aquel tiempo:

> ...sin haber dado por entonces con la tierra que buscaba, ni las minas ricas que allí tenía Guynacapa, a quien estaba sujeto el Perú, de las cuales hay mucha noticia y serían fáciles de descubrir si hubiese curiosidad y diligencia, según dicen los que entienden...

Otra expedición que intentó situar en el Perú el mítico Dorado estuvo a cargo de Pedro de Ursúa, quien terminó decapitado por Lope de Aguirre, sospechoso de planear un motín contra su autoridad y apoderarse de las fantásticas tierras.

En la realización de la expedición de Ursúa influyeron poderosamente los relatos de unos indios "brasiles" que habían llegado al Perú remontando el Marañón.

---

29 Actas de las sesiones del Cabildo celebradas en Tunfa en 1541, publicadas en el Boletín de Historia y Antigüedades, año 1906, citado por Jesús María Henao y Gerardo Arrubla en su "Historia de Colombia".

En el año de 1559, siendo Virrey y Presidente del Perú el Marqués de Cañete, tuvo noticia de ciertas provincias que llaman Amagua i Dorado... (por lo cual se encargó su descubrimiento a Pedro de Ursúa). Esta noticia se la dieron al Capitán Orellana ciertos indios Brasiles que habían subido desde sus tierras por este río Marañón arriba hasta que llegaron al Perú en tiempo que presidía el Licenciado Gasca. Dieron por relación que salieron de sus tierras más de diez o doce mil de ellos, y con ellos dos españoles portugueses, uno de los cuales se llamaba Mateo. Dijeron que iban a buscar mejor tierra que la suya (...) Tardaron más de diez años en subir hasta llegar al Perú por este río, y de los doce mil indios solo llegaron trescientos y algunas mujeres...".[30]

Otras fuentes confirman el viaje de estos supuestos indios brasiles, al punto que dicen que su cacique y señor se llamaba Viarazú, y que en Lima, adonde fueron llevados algunos, dijeron haber visto por el río mejores tierras. Según estas fuentes, tardaron catorce años en el periplo.

Fray Pedro de Aguado, en su *Historia de Venezuela* (lib. X, cap. I), escribe que al salir de las costas del Brasil los indios eran más de doce mil, que peregrinaron por espacio de diez años, y que: "...dieron esta noticia que llaman Dorado y ellos dijeron llamarse de propio nombre Omegua".

Toribio de Ortiguera es, no obstante, quien da los detalles más certeros de esta expedición. Confirma el hecho de que los indios brasiles habrían sido trece o catorce mil, y en una batalla que sostuvieron:

...en una grande laguna que se hacía en una espaciosa llanada (...) fueron presos y muertos pasados de diez mil indios... y entre los presos y muertos se encontraba uno de los portugueses que con ellos venían...

---

[30] Francisco Vázquez. *Relación de todo lo que sucedió en la jornada de Omagua y Dorado*. Buenos Aires, 1944.

En otro lugar, Viarazú:

> ...pobló un pueblo de hasta mil y quinientos indios dejándolos con el mejor pertrecho que pudo, y con el resto y con el portugués que había quedado vivo, subió el río arriba.

Así llegó con los setenta indios que le habían quedado a Lima:

> ...fueron tantas y tan grandes las cosas que le dijeron (al Marqués Cañete) de la tierra y grandeza de ella, con sus muchas y grandes poblaciones y el oro y plata que habían visto, que dio como testimonio una rodela que Virazú llevó con brazaletes de plata claveteados de oro, que movió los corazones de los hombres, a querer verlo y conquistarlo.

Pedro de Magalhanes de Gandavo en su *Historia da Provincia Santa Cruz* (Lisboa, 1576, publicada en la *Revista Trimensal de Río de Janeiro*, 1858) da cuenta de los indios que remontaron el Amazonas y llegaron a la provincia de Quito, donde refirieron haber pasado antes de embarcarse en el Amazonas por una nación de grandes ciudades con calles larguísimas, cuyos habitantes solo trabajaban el oro y las piedras preciosas.

Aquellos habitantes habían dicho a los indios que en la otra orilla del mar había hombres blancos, por lo cual cree Gandavo que se referían a los castellanos del Perú. El autor tuvo noticias de los detalles por los españoles y portugueses que se hallaban en el Perú cuando llegaron los indios. Su relato, por tanto, no refleja las verdaderas declaraciones de los brasiles, sino las yuxtaposiciones de los conquistadores.

De todas maneras, los testimonios transcritos prueban claramente que los indios brasiles no se referían al El Dorado, sino de los omaguas, y que solo la fantasía de los conquistadores adornó con aquel nombre campanudo la ignota región de los pobres omaguas.

En realidad, los indios brasiles que remontaron el Marañón iban atraídos por el mito de "la Tierra sin mal", especie de paraíso terrenal que durante siglos originó muchas migraciones tupí-guaraní hacia distintas partes del continente.[31]

Hay que distinguir, entonces, las migraciones indígenas que tuvieron como origen la creencia en un mundo mejor y las que partieron tras las noticias de la Sierra de la Plata, del imperio del Rey Blanco y del lago donde dormía el sol.

La provincia de Meta

El gobernador Juan de Salinas, también abandonó su gobernación para dirigirse río abajo del Amazonas con la intención de dar con El Dorado, y también volvió frustrado.

En tanto, en las provincias del Río de la Plata, se especulaba que al norte del Puerto de los Reyes, hasta donde llegó Cabeza de Vaca, era preciso viajar otras quince jornadas para dar con una laguna:

> ...tan grande que se pierde de vista la tierra en ella, la cual llaman del Dorado, porque en medio hay unas islas en que hay muchas minas de oro muy ricas y que sus riberas están pobladas de muchos indios y señores que hacen sacar el oro de ellas, y que de esta laguna sale el Río de la Plata...

En realidad, esta "laguna infinita" no es otra que el lago Titicaca.

---

[31]Este mito ha sido estudiado perfectamente por Alfred Métraux en su libro *La religion des Tupinamba et ses rapports avec celle des autres tribus tupí guaraní*, París, 1918, y en su monografía *Migrations historiques des Tupí-guaraní*, París, 1927.

Asimismo, en Brasil, los portugueses que tienen noticia de esta laguna, comienzan ya a pintar en sus cartas dentro de la demarcación de Portugal, y también el río de San Francisco:

> ...que sale a la mar del Norte; dicen que sale de esta laguna y le llaman de las Amazonas por pasar por su provincia; y así los portugueses platican de ir a poblar ya esta laguna...

En la *Historia Coro-graphica, natural y evangélica de la Nueva Andalucía, provincias de Cumaná, Guayana y Vertientes del Río Orinoco*, de Fray Antonio Caulín (1779, lib. II. cap. XI) se afirma que:

> Hay, efectivamente, cerca de la Laguna Parime un cerro muy guardado de los Indios Macusis, Arecunas y otros que habitan en sus faldas; y llaman los Carives Acuquamo y los Españoles y Portugueses el Dorado; porque se halla por muchas partes cubierto de unas arenas y piedras que relumbran como el oro, e indican ricos minerales de este metal en las entrañas de aquel cerro.

En el mapa de Surville, el lago Parima lleva el nombre de Mar Blanco o Mar Dorado. Humboldt asegura que se identificó con el lago Amucu, que no cuenta con más de dos o tres millas inglesas de extensión. Luego explica que las rocas micáceas del Ucucuano (nombre del río Parima, confundido con el río Blanco), y las inundaciones causadas por sus afluentes, pero sobre todo la existencia del lago Amucu, que se enlaza al río Parima por el Pirara, son el origen de la fábula de un mar blanco y de El Dorado de Parima. Los rayos del sol creaban el espejismo.

Esta teoría podría admitirse para explicar la ilusión que flotaba sobre el lago Parima, pero nunca para aclarar el origen histórico de El Dorado, cuyo principio se concentra en la ceremonia de Guatavita.

Hasta ahora, en las expediciones referidas, no se ha podido comprobar la búsqueda del cacique de Guatavita, sino de regiones más o menos ricas e incógnitas, designadas con el nombre de El Dorado. Al analizar otras empresas, es posible demostrar cómo el nombre El Dorado se aplicó, indefectiblemente, a focos de ilusión muy lejanos de ser identificados con la auténtica ceremonia de la Laguna de Guatavita que le dio origen.

Las primeras expediciones emprendidas por orden de los Welsers antes del año 1535[32], cuando se supone que Luis de Daza encontró al indio de Bogotá que le refirió la historia del Cacique Dorado, no fueron, como es lógico, en busca de El Dorado, sino de conquistas que prometían ricos hallazgos.

Como ejemplo de ello, se puede citar la expedición de Diego de Ordás, en 1531, al Marañón.

Las noticias del supuesto Dorado que en ningún momento aparece en los documentos, se reducen a la repetición de los datos que sobre la extraña riqueza del Marañón consiguió Martín Fernández de Enciso en su *Suma de Geografía*, publicada en 1518:

> Llegó Diego de Ordás al Río Marañón con el intento de comenzar por allí sus descubrimientos, porque algunos días atrás habían apresado en el Río a cuatro indios que iban en una canoa, a los cuales hallaron dos piedras de esmeraldas, la una tan grande como la mano: y dijeron que a tantos Soles, yendo por el Río arriba, había una peña de aquella piedra: y también les tomaron dos panes de harina, que eran como panes de jabón, que pareció que eran amasados con licor

---

[32]Se trata de uno de los capítulos más singulares y menos conocidos de la historia de América Latina. La capitulación del emperador con los alemanes para la población de Venezuela no tuvo lugar con los Belzares o Welsers, sino con Heinrich Einger y Hyeronimus Sayllers. Se ha dicho que la llegada de los alemanes a Venezuela fue concedida por el emperador a causa de no poder levantar las deudas que tenía con los Welser (Jules Humbert: "L'Ocupation Allemande du Venezuela au XVI siècle"). Sin

de bálsamo: y cuarenta leguas a Tierra adentro, junto al Río, se entendía que había un monte de árboles de incienso; pero no se pudo gozar de estas cosas, ni descubrirlas, porque debieron atravesar peligros espantosos debido a las corrientes. Y como Hombre de valor, que conoció el riesgo en que se andaba, hizo fuerza en salir rápido de aquella zona. Y salió adelante…

En realidad, según fray Pedro Simón, uno de los indios vio la sortija de oro que Ordaz llevaba, y después de haberla restregado y olido, el natural reconoció el metal y dijo que había mucho detrás de una cordillera que se encontraba en la mano izquierda del río.

También habría confesado que en aquel lugar vivía una gran comuna de aborígenes, cuyo señor era un indio tuerto muy valiente, al cual, si lograban hacerlo prisionero, podrían conseguir tanto oro como para hinchar los navíos con él.

Ordaz quiso saber si también contaban con venados, a lo que respondió que sí, y que había otros venados más pequeños que los indios utilizaban como caballos. Asimismo, dicha fuente le confirmó a Ordaz que su cultura estaba muy avanzada en conocimientos de cerámica y alfarería. Ante cada nueva pregunta, el indio respondía con sólidos argumentos, que convencieron tanto al gobernador como el resto de su gente sobre la certeza de un reino de riquezas materiales y culturales elevadas.

Por otra parte, Ordaz también tuvo noticia de una provincia llamada Meta, que se suponía fabulosamente rica. En busca de esta

---

embargo, Konrad Habler presume que la cesión hecha a los banqueros alemanes no fue en compensación de ninguna deuda, sino una capitulación normal como la que se hacía con todos los conquistadores. Los Fúcares fueron, como los Welser, prestamistas de muchas Cortes. Eduardo VI y María Tudor les debieron grandes sumas, pagaderas al 14 y 15 %. En Alemania, el archiduque Alberto dirigió contra ellos una agresiva campaña armada, acusándolos de usureros.

provincia salieron Jerónimo de Ortal, Antonio Sedeño y Alonso de Herrera. El tal Sedeño albergaba en su casa a una india, que contribuyó con noticias sobre las riquezas del río Meta, agigantando aún más la ya de por sí exuberante fantasía de los españoles. De acuerdo al relato de esta india, los tesoros del Meta llegaban por el río desde otras tierras, y la corriente arrastraba cargamentos de esmeraldas, oro, sal y telas de algodón. Sedeño no solo le creyó al pie de la letra a su informante, sino que incluso le prometió un buen porcentaje de lo que obtuviese como recompensa.

A LA CAZA DEL "NUEVO REINO"

El adelantado Gonzalo Jiménez de Quesada, en verdad, fue el primero en llegar a la población de Guatavita, sin sospechar que allí había tenido lugar, en otros tiempos, la ceremonia del Cacique Dorado, cuyo nombre debía volar por tantas partes y aplicarse a tantos ensueños.

Las primeras muestras de riquezas reales, los españoles las encontraron en los templos de Sogamoso y de Tunja. Quedaron tan impresionados, que según los oficiales San Martín y Lebrija, calcularon que dichas fortunas ascendían a ciento cuarenta mil pesos de oro fino y treinta mil de oro bajo, sin contar algunas piedras preciosas. El templo de Tunja era el más famoso de la nación muysca. Los de Bogotá y de Guacheta estaban dedicados al Sol, en tanto que los de la Luna se encontraban en Chia y en Fuquene, así como también existían otros dedicados a ídolos menores, entre ellos, los de Guatavita. Los soldados, mientras llevaban las riquezas al patio, exclamaban locos de alegría: ¡Pirú! ¡Pirú! ¡Pirú! Cuenta Fernández de Piedrahita que las cargas del oro y joyas que se recogieron diferentes partes desde las seis de la mañana hasta entrada la noche, se depositaron en uno de los patios,

Imagen del cacique Guatavita, quien protagonizaba la ceremonia de
introducirse en la laguna del mismo nombre untado en oro.
(Ilustración Ricardo Ajler)

y fueron tantas que a eso de las nueve se había levantado una montaña tan grande: "…que puestos los infantes en torno de ella, no se veían los que estaban de frente y los que se hallaban detrás".

En Sagamoso, dos soldados llamados Miguel Sánchez y Juan Rodríguez Parra, rompieron las puertas del templo amparados por el silencio de la noche y cautelosamente entraron en él con antorchas encendidas. Contemplaron extasiados a los "…hombres difuntos, secos, adornados de telas ricas y de joyas de oro, con otros ornamentos que debían de ser cualificados personajes…".

Y mientras se hallaban embelesados en recoger oro, colocaron sin pensar las antorchas en el suelo, de espartillo blando, y como es natural, enseguida comenzó a arder hasta alcanzar el fuego a toda la construcción. A pesar del riesgo, no abandonaron el oro recogido, se lo colocaron sobre los hombros, y dejaron el lugar a la suerte de la soberbia furia del incendio, que fue ganando varios kilómetros a la redonda.

Se dijo que los indios habían incendiado el templo para quemar dentro a los dos españoles, y que: "…el fuego de esta casa duró por espacio de cinco años sin que hubiese invierno capaz de consumirlo".

Se dice que durante todo ese tiempo nunca faltó humo en el sitio donde había estado el templo.

Poco después, estando en tierras del cacique Bogotá adonde llegó con unos quinientos hombres que penosamente habían remontado el río Magdalena, Jiménez de Quesada y los suyos vieron que avanzaba hacia el Valle de los Alcázares un grupo de conquistadores desconocidos. Enviados unos emisarios:

> …se supo que eran gentes del Perú, que venían por orden de la gobernación de Don Francisco Pizarro, y que traían por capitán a Sebastián de Benalcázar…

Ocho días más tarde, Benalcázar se encaminaba directamente al Valle de Bogotá, y:

> …supimos que por la parte de los llanos, que es hacia donde sale el sol, venían otros cristianos, que eran muchos caballos, de lo cual quedamos no poco espantados; sin entender quiénes podrían ser, se envió a saber quiénes eran, porque decían que estaban muy cerca de nosotros, a no más de seis leguas. Supimos así cómo era la gente de Venezuela, que habían salido con Nicolás Federman[33], a quien tenían por su teniente y general. Entre ellos venía alguna gente que decían ser de Cubagua…

Los nuevos conquistadores llegaban exhaustos, debido a las penurias causadas por las distancias, cambios climáticos y mala alimentación. De esta manera, los tres ejércitos (el de Federman, de Benalcázar y el de Jiménez de Quesada), a quienes una misma noticia había llevado a reunirse en un mismo lugar y a un mismo tiempo en las profundidades de un continente inexplorado, se hallaban en un: "…triángulo de seis leguas, sabiendo todos los unos de los otros".

Insólitamente, se produjo el milagro de que la búsqueda de El Dorado provocó el encuentro, en medio de la nada, de tres gobernaciones: la del Perú, Venezuela (o Nueva Granada) y Santa Marta.

---

[33]Nacido en Ulm hacia 1510, Nicolás Federman fue enviado por los banqueros Welser, quienes le encargan explorar y colonizar territorios americanos pertenecientes a la Corona española, colaborando con Alfinger. Así, pasa a Venezuela, donde seguirá el cauce del Orinoco y arribará a las sierras andinas entre 1530 y 1531. Al volver a Venezuela es nombrado gobernador, desempeñando el cargo hasta 1534, en que es sustituido por Jorge de Spira. A las órdenes de éste, explorará los llanos venezolanos llegando hasta la meseta de Bogotá, juntándose aquí con Jiménez de Quesada y Benalcázar. Acusado de fraude a la Corona, acabará sus días en prisión en 1542.

De acuerdo a Herrera, cuando se encontraron Benalcázar, Quesada y Federman, todos iban en busca del "Nuevo Reino". No debe olvidarse que en este encuentro, Benalcázar ya sabía de la historia del cacique que se hacía dorar en la Laguna de Guatavita; en tanto, Quesada conocía las maravillosas relaciones de los templos de Sagamoso y de Tunja, mientras que Federman y su gente, aunque vagas y huidizas, traían las noticias de las riquezas de Meta como una visión indefinible. Benalcázar también podía contar los vasos de oro y plata, joyas, ropa y otras presas... como muchas Mujeres hermosas, que había tomado a Irruminavi, así como los tesoros que el mismo Cacique se decía que había hecho enterrar en Caxambe.[34]

Pedro de Limpias, que formaba parte de la expedición de Federman, regresó a Coro en 1540, llevando un caos de noticias que entusiasmaron mucho al obispo de las Bastidas, encargado del gobierno de Venezuela, quien de inmediato comisionó a Georg Huten, para que acompañase a Limpias, a salir tras la sombra de los omaguas.

---

[34]Herrera, Déc. V, lib. VI, cap. I. Año 1534, y Déc. V, lib. VII, cap. XIV.

Capítulo X

El país de los omaguas

Corría el año de 1538. Después de este encuentro tan sorprendente, y al parecer tan casual, la fama de El Dorado voló por todo el norte de la América Meridional, descendió al Perú y de allí pasó, algunos años más tarde, al Río de la Plata. En esta región, lo que en principio se supuso fuesen huellas de El Dorado, no eran más que de las riquezas de las Charcas, en cuya búsqueda habían partido Alejo García, Ayolas e Irala. Este último creía que aquella "noticia" era la misma que corría por el Perú, Venezuela y Santa Marta, sin tomar en cuenta que todas ellas eran distintas; es más: ninguna se relacionaba con la primitiva historia del Cacique Dorado. Los antiguos historiadores del Río de la Plata hablaron del Paititi, que no debe ni puede confundirse con El Dorado.

Pero volviendo a la aventura del norte, durante la expedición de Federman, un sucesor suyo, Jorge Spira [35] se lanzó a descubrir la Casa del Sol y otras provincias que por ser desconocidas se imaginaba que eran muy ricas.

Las noticias más importantes que tuvo fueron las que le suministró una india, quien reveló la existencia de cristianos perdidos en las selvas desde hacía muchos años. Al principio se creyó que fuesen los náufragos de Diego de Ordás, pero luego resultó más cómodo juzgar como mentira aquella extraña revelación.

Felipe de Huten[36] partió de Coro en agosto de 1541. Penetró en las selvas y tuvo contacto con diversas culturas, de los que se admiraba por traer cubiertas sus carnes, así como que tuviesen:

> …ciertos animales que figuraron ser como las ovejas que tienen los indios del Perú, y otros géneros de aves, como pavos y gallinas de papadas; y algunos quisieron afirmar que les habían dado por noticia estos indios que los otros del Dorado poseían o tenían ciertos animales crecidos que afirmaban ser camellos, más esto no tiene ninguna apariencia de verdad.

---

[35]En realidad su verdadero nombre era Georg Hohermut Spira, aunque en América su apellido se castellanizó y pasó a ser Jorge de Spira o Espira. En 1533 Carlos I lo nombró gobernador de Venezuela. Entre 1535 y 1538 emprendió la exploración de los territorios al este de los Andes colombianos, llegando hasta las cercanías de los afluentes del río Orinoco. A su vuelta a Coro conoció su destitución, permaneciendo en la ciudad hasta su muerte dos años más tarde. Se le conoció por su crueldad con los nativos.

[36]Felipe von Hutten (Birkenfeld, 1511-Quirube, 1546). Gobernador alemán de Venezuela. Acompañó a Jorge Hohermuth Spira, al que sustituiría, en su expedición a El Dorado (1535-1538). Dirigió otra expedición alemana (1541) con el mismo objetivo, pero fue apresado y ejecutado por Juan de Frías, gobernador español de Venezuela desde 1544.

En realidad, los conquistadores tomaron por variaciones extravagantes de los camellos a llamas, vicuñas y alpacas, a las que veían como cruzas de camélidos con equinos y otros híbridos aún más exóticos.

No obstante, lo que más contentó a Huten y su comitiva, fue recibir noticia acerca de la enorme cantidad de oro que los indígenas declaraban poseer. Al cabo de algunos días de marcha, la comitiva divisó un pueblo de disforme grandeza, en medio del cual se levantaba una suerte de edificio que sobrepasaba en mucho al resto; cuando se le preguntó al guía a quién pertenecía semejante casa, este contestó que era la casa del principal o señor de aquel pueblo, llamado Quarica, quien aunque tenía:

> ...ciertos simulacros o ídolos de oro del tamaño de muchachos, y una mujer que era su diosa, toda de oro, y poseía otras riquezas, él y sus vasallos, que eran muchos

No podía competir con otros principales y señores que se hallaban poco más adelante, ni en número de vasallos ni en cantidad de riquezas ni de ganado, que excedían en mucho a aquél y a su gente...[37]

El padre Simón confirma en la *Quinta Noticia*, cap. VII, lo manifestado por el padre Aguado, contando cómo Huten llegó a vista de las poblaciones de los omaguas.

Dice que los soldados divisaron:

> ...un pueblo de tan extendida grandeza, que aunque estaban bien cerca, nunca pudieron ver el extremo de la otra parte, bien poblado, las calles derechas y las casas juntas, que lo alcanzaban a ver con distinción, sobre todo a una que estaba en medio de todas...

Las heridas recibidas por Huten, y el ruido de los indios que salían contra ellos, obligaron a retirarse a los conquistadores. Con

---

37 Fray Pedro de Aguado: "Historia de Venezuela", lib. III, capítulo V.

el asesinato de Huten en Tocuyo, a manos de Juan de Carvajal, terminó la dominación de los alemanes en Venezuela, y las noticias del reino de Omagua y de la gran ciudad de Manoa o Macatoa, perdieron todo su brillo.

Aquellas fantásticas ciudades, verdadero milagro de la selva, no eran otra cosa que el país de los omaguas. El Príncipe Dorado no aparecía ni nadie pensaba en él. Solo su nombre era repetido, inconscientemente, por algunos conquistadores que ignoraban su origen y la historia del cacique de Guatavita, aplicándolo a noticias vulgares y conquistas corrientes.

Al meditar sobre El Dorado, fray Pedro Simón escribió que todos corren tras de él:

> …sin más luz que unos relatos ciegos y sin bastante fundamento, si bien es verdad que todos se dirigen al corazón y entrañas de esta tierra firme...

RALEIGH Y LAS MINAS DEL ORINOCO

En 1568 Gonzalo Jiménez de Quesada obtuvo la conquista y gobernación de la provincia de los llanos que llaman de Venezuela o Dorado, para él y sus herederos, por dos vidas, y algunos años más tarde, en 1593:

> …concedió Nuestro Señor esta ventura (el descubrimiento del Dorado) a mí, el Maestre de Campo, General de esta jornada (Antonio de Berrio), que con treinta y cinco soldados hallé la entrada muy fácil y sin dificultad alguna y anduve dentro de la tierra, que por la parte donde yo entré la llaman Guayana, cosa de treinta y cinco leguas, en la cual vi muchas y grandes poblaciones de indios bien dispuestos y proporcionados (...) La tierra es muy rica en oro, y los naturales me querían mostrar el lugar de donde lo sacan: más yo, por no mostrarme codicioso, no lo quise ver (...) Me dijeron que siete

jornadas más adentro hay infinita cantidad de oro, y que en sus minas a nadie es lícito sacarlo sino a los caciques y sus mujeres, y que lo sacan con grandes supersticiones, ayunando primero tres días; pero que en los ríos que igual hay mucho, y lo puede sacar quien quisiese...[38]

Se cuenta que Antonio de Berrio se pasó once años persiguiendo las maravillas que un tal Juan Martínez había descrito en una *Relación* célebre, al huir del cautiverio de los indios.

Martínez se había hallado en el desastre de Pedro Malaver de Silva con que terminó aquella expedición de los Omaguas, y había hecho sus revelaciones in artículo mortis, entregándolas a un confesor.

En sus fiestas –declaraba Martínez hablando de los Guayanos–, cuando el Emperador brinda con sus capitanes y tributarios, entran los criados y untan el cuerpo de estos con un bálsamo blanco que llaman Curcay, y luego soplan sobre ellos oro en polvo por medio de cañas huecas, hasta que quedan brillantes de pies a cabeza, y así adornados, se sientan y beben, por veintenas y centenas, por cinco o seis días seguidos. Y por haber visto esto, y por la abundancia de oro que ví en la ciudad, las imágenes de oro en los templos, y las planchas, armaduras y escudos de oro que usan en sus guerras, llamé a aquella región El Dorado.

La *Relación* parece apócrifa y se afirma que la inventó Domingo de Vera para enardecer a su general, Antonio de Berrio. Sea como fuese, cierto día el capitán inglés George Popham se apoderó del acta de posesión del territorio de Berrio, entre los ríos

---

[38] Torres de Mendoza: "Memoria del descubrimiento de El Dorado por el Maestre de Campo Domingo de Ibargoien y Vera, Lugarteniente por S. M. y en nombre de Antonio Berrio, Gobernador". Original en la Biblioteca Nacional de Madrid, Sección Manuscritos. Tomo. VI, pág, 561.

Orinoco y Marañón, y la llevó a Inglaterra, al Consejo de la Reina. Los resultados no se hicieron esperar. Robert Dudley[39] se amparó de la Trinidad, estando en ella Antonio de Berrio, y envió una partida exploradora al Orinoco que regresó contando maravillas. Entre otras cosas, aseguraban que el rey de los guayanos quería obsequiarles una piragua llena de oro, pero que lo habían impedido los guerreros de Uracoa.

Poco después sir Walter Raleigh arribó a aquellos mismos lugares, atraído por la fama de riquezas que circulaba bajo el nombre de El Dorado, subió por el Orinoco unas ciento diez leguas y volvió a Inglaterra con escasas muestras de oro y la visión irreconocible del esplendoroso Perú.

Raleigh partió de Plymouth el 9 de febrero de 1595 con cinco buques y cien soldados, además de los marinos, oficiales y voluntarios. El capitán Whiddon lo había precedido y enviado noticias poco halagüeñas sobre la riqueza del Orinoco, que Raleigh tuvo buen cuidado en callar.

En la isla de la Trinidad, donde lo esperaba Whiddon, Raleigh se adueñó de la ciudad de San José, que incendiaron los indios, y apresó a Antonio de Berrio y a sus oficiales. Apenas llegaron los capitanes George Gifford y Knynin con el resto de las naves, se dirigió a la bahía de Capuri y remontó el Orinoco.

De regreso a Inglaterra publicó *The Discovery of the large, rich, and bewtiful empyre of Guiana, with a relation of the great*

---

[39] Robert Dudley, primer conde de Leicester (1532-1588), fue el favorito de la reina Isabel I durante gran parte de su reinado. Pese a algunas divergencias entre él y la reina, ésta en 1585 lo nombró comandante de una expedición contra los holandeses, con el fin de apoyarlos en su rebelión contra España. Esta campaña no fue exitosa para Dudley, ya que tuvo que regresar a Inglaterra en 1588 debido a sus diferencias con los líderes holandeses. Reconciliado con la reina, ésta lo nombró lugarteniente general de las fuerzas enviadas para resistir a la Armada española.

and golden citie of Manoa, wich the Spaniards call El Dorado (London, 1596). Raleigh afirmaba que en el Perú existía la profecía de que los incas serían repuestos en su imperio por Inglaterra. Hablaba de templos, de ídolos, de sepulturas y tesoros, de las confidencias que sobre las piedras preciosas le había hecho Berrio, de una montaña de oro, de hombres monstruosos, con bocas en el pecho y cabellos en la espalda, y de la ciudad de Manoa, en la cual no había invierno y abundaban las delicias de la naturaleza.

Lo más positivo, sin embargo, parecía ser una mina llamada Madre del Oro, en busca de la cual se organizaron otras expediciones, y que nunca se encontró. Uno de los compañeros de Raleigh, un tal Sparrey, quiso quedarse en la Guayana, y por allí anduvo hasta que lo hicieron prisionero los españoles, y fue devuelto por fin a Inglaterra, donde escribió sus memorias.

A Raleigh lo siguieron en sus intentos los capitanes Lawrence Keymis, que trajo buenas esperanzas, y Berris, que regresó fracasado. Los dos fueron enviados por el propio Raleigh, y ya se disponía él mismo a volver al Orinoco para colonizar aquellas regiones, cuando fue encerrado en la torre de Londres y condenado a muerte por haber conspirado contra el nuevo rey, Jacobo.

Sin embargo, a fuerza de influencias, se le permitió salir de la prisión para ir a descubrir la mina del Orinoco, cuya situación solo conocían él y el capitán Keymis. No fue El Dorado, en el cual ya nadie creía, el verdadero móvil de esta expedición, sino una mina misteriosa que muchas veces aparece mencionada en los documentos de la época.

En el mapa hecho por Raleigh, se ven dos manos que señalan la "mina" a orillas del río Cumacca, que desagua en el Orinoco. Ni una sola vez se habla de El Dorado.

La búsqueda de El Dorado por Raleigh en este viaje le fue atribuida por los extranjeros, que naturalmente ignoraban el verdadero fin de la expedición. En una *Relación* del viaje de Raleigh hecha por un cronista francés, se puede leer:

> Pasada esta fortaleza pretende (Raleigh) entrar la tierra adentro por medio de un Rey amigo suyo llamado Caprana, que es Señor del principio de la tierra del Dorado. El Reyno se llama Amapaya, y la principal ciudad Manoa, que quiere decir lago dorado; dicen que la ciudad es mayor que París...

La expedición tuvo un sonado fracaso y sir Walter Raleigh un triste fin. Raleigh había partido con trece o catorce naves y acompañado por entre novecientos a mil hombres, dejando en fianza cuarenta mil escudos. La mina no fue hallada y tanto su lugarteniente, Parker, como otros capitanes, lo abandonaron para dedicarse a la piratería.

Raleigh llegó de vuelta a Irlanda en mayo de 1618, habiendo perdido a su hijo, toda su fortuna y todas sus esperanzas. En las "Alegaciones (...) en su descargo", remitidas por Gondomar el 24 de junio de 1618[40], Raleigh decía que actuaba por obra de su Majestad de Gran Bretaña, de quien obtuvo poder y autoridad para ir en busca de las minas de oro y plata...

Juan Sánchez de Ulloa, en una carta fechada el 22 de agosto de 1618 refiere acerca de la huida de Raleigh (Gualtero Rale, sic) y dice que fue alcanzado a unas veinte millas de Londres cuando su intención era pasar a Francia. Preso en la torre de Londres, su mujer y sus hijos se echaron a los pies del rey Jacobo pidiendo por su vida; pero todo fue en vano: el 29 de octubre de 1618, al amanecer, Raleigh subió al patíbulo de Westminster.

---

[40]Ver Ciriaco Pérez Bustamante: *El conde de Gondomar y su intervención en el proceso, prisión y muerte de sir Walter Raleigh.* Santiago de Compostela, 1928.

Así terminaron los días de aquel hombre de talento casi universal y de ambición aun más grande que su talento, como lo definió Martín Hume[41].

Entre otras aventuras, Raleigh había organizado la expedición de sir Humphrey Gilbert, que tomó posesión de Terranova, y fracasó en la búsqueda de la Norumberga o Aramberga, de los mapas de Verazzano. También había estado encerrado en la Torre de Londres, en otra ocasión, por ciertos amoríos que había tenido con una de las damas de la reina. Su ruina se debió en gran parte a la tenaz oposición del embajador español, conde de Gondomar, quien estaba convencido de que Raleigh se dedicaría a la piratería. Además, Gondomar creía en la existencia de la mina, pues aconsejaba a los españoles su descubrimiento luego de interrogar a los indígenas que habían asistido al supuesto hallazgo de Raleigh en 1595.

EL FANTASMA DE HUMBOLDT

Entretanto, la ilusión de El Dorado seguía latente en el fondo de muchas esperanzas. El ensueño del lago Parime había atraído sobre sí el nombre de El Dorado.

> En este gran Río está todo encerrado –escribía el Padre Cristóbal de Acuña en 1641–. Aquí, el lago dorado, aquí las Amazonas, aquí los tocantines, y aquí los ricos Omaguas...42

El Dorado, desde hacía mucho tiempo, ya no era un cacique: se había convertido en una ciudad, en un país, en unas montañas de oro y en un lago. El nombre subsistía como sinónimo de riqueza,

---

[41] *Españoles e ingleses en el siglo XVI*. Madrid, 1903.

42 *El Orinoco ilustrado. Historia natural, civil y geográphica de este gran río y de sus caudalosas vertientes*. Caracas, Academia Nacional de la Historia, Fuentes para la Historia Colonial de Venezuela, Nº 68, 1963.

pero su verdadero origen se había olvidado. El padre Joseph Gumilla, en 1741, afirmaba que El Dorado es:

> ...cierta Provincia de Enaguas, u de Omaguas, que en los Mapas se apunta con nombre de Manoa, y que se ideaba, y aún hai fundamento para ello, llena de grandes tesoros...[43]

Según Gumilla, después de que se corrió la voz de El Dorado en Bogotá, se lo ubicó en el valle de Somondoco:

> ...y llegado que hubieron a él, hallaron que el Sacerdote que en un gran Templo presidía, para ofrecer su oblación, se untaba a lo menos las manos y la cara con cierta resina, y sobre ella le soplaban con un cañito polvos de oro, que con facilidad se lavan y entresacan de las playas de muchos ríos; y de aquí tomó su denominación el famoso Dorado.

Cita a Pedro Simón, sin saber aquilatar la verdad de sus escritos, y agrega:

> Más no era este Dorado el que estaba ideado en la mente de los que le agenciaban: lo que con ansia y a todo costo buscaban, eran un Valle y un territorio con peñascos y guijarros de oro...

Cree, con fundamento, que tales indicaciones eran dadas por los indios para que los extranjeros se alejaran de sus tierras, y exclama: "Dios Nuestro Señor permitió aquellas ansias de búsqueda de El Dorado para abrir puertas nuevas al Santo Evangelio..."

---

(43) Nuevo descubrimiento del Gran Río de las Amazonas, número XXXIV. En el número LX, el Padre Acuña afirma: "Entre estas naciones, que todas son de diferentes lenguas, según las noticias que llegan por parte del nuevo Reyno de Granada, está el deseado Lago Dorado, que tan inquietos tiene los ánimos de toda la gente del Perú. No lo afirmo de cierto, pero algún día querrá Dios que salgamos de esta perplejidad".

Con lo cual reconoce que el oro, y no la religión, fue lo que abrió las puertas a la "civilización". También recuerda el testimonio de monsieur Laet, quien, después de contemplar el panorama de las ruinas que produjo El Dorado, termina por decir: "Y después de esto, ¿se duda si hay tal Dorado en el mundo?".

No obstante, la prueba más "científica" que expone Gumilla es cuando dice que un indio bautizado por el padre Cabarte con el nombre de Agustín, y que desde los quince años había estado otros quince preso entre los "Enaguas" en la ciudad de Manoa, sin saber una palabra de castellano, nombraba los sitios donde durmieron los veintitrés días que desde El Dorado gastaron hasta las márgenes del Orinoco, dándoles los nombres castellanos que solo Utre, en su derrota, les pudo imponer.[44]

Además, Agustín refirió respecto a los tesoros y la multitud que respondía al cacique de Macatoa, exactamente como lo había descrito Utre. Por si fuera poco, Agustín dejó algunas pinturas del Palacio del Rey y otros edificios y huertas, motivo por el cual Gumilla está convencido de que su denuncia de El Dorado era seria y verdadera.

Pero no todos se mostraban tan abiertos o crédulos como para aceptar la existencia de El Dorado.

En 1779, fray Antonio Caulín negaba rotundamente su sola posibilidad con estos argumentos:

---

[44] En 1541, el explorador español, nacido en Alemania Felipe de Utre Philipp von Hutten (1511-1546) emprendió una infructuosa búsqueda de El Dorado a lo largo del Amazonas en el territorio de Omagua. Él encontró un territorio densamente poblado, pero ningún reino dorado. Después de este hecho se internó al interior de Venezuela, regresando después de rondar por cinco años para encontrarse con la noticia de que Juan de Carvajal había sido nombrado gobernador en su ausencia. Junto con su acompañante Bartolomé Weiser el Joven, fueron capturados y ejecutados por Carvajal en abril de 1546. Utre dejó alguna correspondencia, y una narración sobre sus primeras aventuras llamada "Zeitung aus India Junkhe", la cual fue publicada en 1785.

La mítica ciudad
de El Dorado fue situada por
los conquistadores en el
noroeste de Sudamérica.
El punto sobre la cuidad de
Bogotá señala la ubicación
exacta de la laguna Guatavita.

Con estas precauciones, digo que es puramente apócrifa la gran
Ciudad del Dorado; imaginados sus Palacios, huertas y recreos; falsa
su hermosa magnificencia y dilatadísima extensión, que le suponen
y que las Naciones que habitan aquel País ni tienen ni conocen entre
sí Rey ni Señor a quien obedecer con tan ponderado rendimiento.[45]

Sin embargo, a mediados del siglo XVII, Nicolás Hortsmann
–un cirujano que se destacó como explorador de diversos afluentes
de la banda derecha del alto Orinoco– pretendió descubrir El
Dorado remontando el Esequibo y en tiempos más recientes, Rida

---

[45] "Historia corographica natural y evangélica de la Nueva Andalucía, Provincias de
Cumaná, Guayana y Vertientes del Río Orinoco". Lib I, cap. XI.

afirmó que El Dorado eran las minas del país de Ubata, en la Guayana venezolana.

De esta manera El Dorado se fue transformando en aquel fantasma del que hablaba Humboldt, que parecía huir de los españoles y que los llamaba a todas horas.

Perdida la primitiva significación de El Dorado, con la cual se designaba al cacique de la Laguna de Guatavita, los historiadores se apropiaron de aquel nombre para endosárselo a innumerables expediciones y conquistas. Luego, sobre el cúmulo de confusiones, falsas apreciaciones y "señuelos" equivocados, se erigieron ingeniosas hipótesis y seductoras teorías destinadas a explicar y poner de acuerdo innumerables empresas que se habían lanzado tras diferentes mitos y distintos objetos, todos bajo el nombre de El Dorado.

Así surgieron esos intentos por identificar El Dorado con minas, con países ricos en oro, con costumbres más o menos históricas y hasta con ilusiones de los sentidos y simples efectos de la luz. En Guayana o el Río de la Plata, Perú o Brasil, Colombia o Paraguay, El Dorado distribuye su generoso imaginario en la memoria colectiva de todo el continente.

Emiliano Jos identifica El Dorado con una:

> ...región abundantísima en oro y piedras preciosas, y dice: Claro está que tal región existía: se encontraba en el Brasil, en los riquísimos yacimientos auríferos y diamantíferos de Minas Geraes.

Le induce a pensar así la gran cantidad de oro y piedras preciosas que se extrajo de tales minas, y agrega:

> Creemos que estas cifras bien pueden acreditar de Dorado al territorio que de tal modo abundaba en piedras y oro. Si alguna de las expediciones que lo buscaban hubiese llegado hasta la parte alta de la cuenca del San Francisco –Minas Geraes– y en pocos años se encontrasen en posesión de oro por miles de arrobas y de diamantes por

centenares de kilogramos ¿No habrían dicho los expedicionarios que realmente era aquel país el Dorado?"[46]

Sin embargo, la tesis de Jos sufre un inesperado traspié, al comprobar que tales minas se descubrieron en 1699, muchos años después de perseguir el sueño de El Dorado por todos los rincones de América.

La causa de la falsa sinonimia debe buscarse principalmente en muchos de los antiguos cronistas, quienes confundieron El Dorado con otros innumerables mitos y noticias diversas. Si cualquiera de aquellos conquistadores hubiese desembarcado en el Transvaal para tropezar con las minas de aquel país, también habría podido decir que aquello era El Dorado.

---

[46] Jos, Emiliano: *La expedición de Ursúa al Dorado y la rebelión de Lope de Aguirre.* Sevilla, 1950.

Capítulo XI

El reino de Paititi

Según el relato de los ancianos que aún perduran en los Andes, el Inca Rey vive. El soberano responde al nombre de Intipchurrin (hijo del Sol) y, tal como se nos informa, hasta hoy reina en silencio, preparándose para restaurar el interrumpido orden del universo.

Aquel lugar significó la última avanzada que alcanzaron, cien años antes de la llegada europea, los ejércitos imperiales del inca Tupac Yupanqui. La difícil geografía y la resistencia de las tribus del lugar, llevaron al inca a un acuerdo con el Gran Padre (Yaya), Señor del Paititi. En memoria de tal pacto, se erigió una ciudad en la meseta del Pantiacolla, conectada con Paucartambo por siete depósitos de aprovisionamiento (Tambos). Al pie de la ciudad se habría construido una laguna negra y cuadrada de la que partía un camino de lajas que la vinculaba con ella.

Túpac Yupanqui. Fue un destacado militar que logró importantes victorias durante el gobierno de su padre Pachacútec. En 1471 asumió el trono y amplió las fronteras del imperio hacia el sur hasta llegar al río Biobío en Chile. También sometió a algunos pueblos del altiplano y del norte argentino.

La ciudad se encontraba en la naciente de un río que caía hacia un abismo, dando lugar a una exótica cascada. La montaña estaba atravesada de un lado a otro por profundas cavernas con múltiples ramificaciones. Este laberinto formaba parte de lo que los lugareños reconocían como un santuario, por cuanto se veía salir del interior de las grutas a unos hombres muy altos vestidos con túnicas blancas, los primeros guardianes llamados paco-pacuris, supervivientes de una civilización altamente desarrollada que se habría extendido en el pasado por toda la región amazónica desde la vertiente de la cordillera oriental hasta la confluencia de los ríos Madre de Dios y Beni en Bolivia, y que habría sido arrasada por una inundación provocada por las últimas deglaciaciones.

La ciudad construida se llamó Paiquinquin Qosqo, que significa "la ciudad gemela al Cusco", y se encontraba al final de un cañón recóndito, en un valle en forma de cono volcánico y con un microclima propio. Según el misionero Francisco de Cale (1686), al Paititi se llega tras cinco días de marcha desde el Cusco.

La gran serpiente Amaru-mayo, antiguo nombre del río Madre de Dios, se interna en una región temida por los quechuas. Este ofidio imaginario y de proporciones descomunales, era un dios cuyo cauce se alimenta de una decena de ríos. Apucantiti es la última gran montaña desde la cual se divisa todo. Aquí empieza el legendario valle prohibido de la luna azul, refugio de los amaru u hombres serpiente, que emigraron hace más de 500 años, al derrumbarse el Imperio del Sol.

MEMORIAS DE UNA "TRAMPA"

Nufrio de Chaves demoró "siete años sin volver a su casa". La marcha al oeste, desde los Xarayes, se emprendió para buscar una tierra menos estéril donde asentar a la población que se pensaba levantar (al menos esto se dice en el "Requerimiento" hecho entre los chiquitos, que abandonaron a Chaves). Pero las noticias son otras. Se dice que Chaves había salido para: "…conquistar y descubrir la noticia de las Amazonas y Dorado, de que en aquellas tierras (Santa Cruz) se tiene gran noticia".

También se escribió que Chaves: "…salió del Río de la Plata con el fin de descubrir las Provincias del Dorado".

Sin embargo, la palabra Dorado fue impuesta a posteriori, siguiendo la moda de considerar expediciones a aquel preciado reino a cualquier entrada y cualquier conquista.

Entretanto, la ilusión de riquezas continuaba jugando a las escondidas por regiones poco trasegadas y conocidas. De vez en cuando, estas ilusiones ondulaban hacia el país de los mojos. Quizás convenga aclarar que, según la interpretación de Ricardo Mujía, el término "mojo" es una alteración de Mosoj Llayta, es decir, Tierra Nueva.

Según consta, el verdadero asiento de Santa Cruz de la Sierra era venerado con admiración por los guaraníes, quienes afirman que superada una sierra se encuentra un río donde nace el sol, y de él surge un mar lleno de islas muy pobladas de gente, y que la tierra firme de la mano izquierda, o del Poniente, es la tierra rica que vinimos a buscar.

Los mojos dieron origen al Gran Moxo, considerado como un monarca fabuloso de un nuevo reino del que se comenzaban a tener relatos fabulosos justamente por Chaves: el Paititi.

No obstante, su ubicación era tan imprecisa como los otros territorios de maravillas, huía en todas las direcciones y era también por todos muy buscado y codiciado.

En cuanto a la razón de su nombre, hay varias teorías. Para algunos investigadores, como Belaunde, Paititi significa "aquel plomo"; para otros, "tigre padre"; Manuel Domínguez anotó –con cierto criterio– que "pai" significa monarca, en tanto "titi" sería una contracción de Titicaca, o sea "aquel monarca del Titicaca". Muchos coinciden en que esta, sin duda, es la etimología más acertada.

En una carta del virrey Francisco de Toledo, de 1572, se hace mención de la provincia de las mujeres, hasta la gran noticia de Paitite... El 27 de marzo de 1620, Gonzalo de Solís Holguín, ilusionado por la relación de Chaves, junto al príncipe de Esquilache, hizo su entrada triunfal a un territorio que llamó Paititi, al cual rebautizó como "Nuevo Reino de Valencia".

La confusión de nombres y regiones míticas, se fue intensificando con el tiempo, al punto de que a veces en un mismo territorio convergían varias leyendas con distintos nombres.

Podemos referir, a modo de ejemplo, lo ocurrido con Trapalanda, Linlín y la provincia de la Sal. Los tres nombres parecían indicar una misma región; pero en tanto que Trapalanda y la Sal eran nombres que sonaban en Chile, en Córdoba se llamaba Linlín. Trapalanda, en realidad, nació en la segunda mitad del siglo XVI, y desapareció a principios del siglo XVIII. Se supone que la Trapalanda debía hallarse en la región que actualmente constituye el territorio del Río Negro argentino.

Paul Groussac menciona como únicas etimologías el nombre de la isla Trapobana, señalada por Plinio y dibujada en los mapas medievales, cuyo significado correspondía a "tierra de la trampa o trápala". Trapalanda era, por tanto, la tierra de las trampas, trápalas o trampales.

El misterio del Paititi –otra "trampa"– habría que buscarlo en la fascinación ejercida por el Perú. La visión del imperio incaico se hizo irreconciliable a los conquistadores de la segunda mitad del siglo XVI. Ellos buscaron una sombra, un recuerdo; persiguieron lo que no existía; se enamoraron de una princesa ya muerta y sepultada.

EL HOGAR DEL SOL

En el *Orden y traza para descubrir y poblar la tierra de los Chunchos*[47] comienza a vislumbrarse la visión del Titicaca con sus islas habitadas, próximas a los templos del Sol y Casas de Escogidas; pero donde inconscientemente se describe el esplendor incaico bajo el nombre de Paititi, es en el Canto V de *La Argentina* de Martín del Barco Centenera al hablar del Gran Moxo, Señor del Paytite.

El padre Pedro Lozano, en su *Conquista... del Río de la Plata*, glosa enteramente la descripción del Paititi hecha por Centenera, poniendo de suyo que: "...fue rumor este que se esparció entre los soldados que en su descubrimiento del Río Paraguay siguieron al Adelantado Alvar Núñez...".

Dato que no puede asegurarse, pues la palabra Paititi no aparece en ninguno de los documentos de las expediciones de Cabeza de Vaca.

También se atribuyó a Hernando de Ribera ser el inventor del famoso Paititi. Es cierto que tanto lo descrito por Rivera como por Centenera son el reflejo del Perú, pero los puntos de vista de ambas relaciones son distintos e inconfundibles. Más aún, muchos confundieron al Paititi con El Dorado, error asombroso al tratarse de dos ficciones: "Es el Paititi un riquísimo imperio situado más allá de Xarayes, a la derecha del Dorado...", se puede leer.

En la descripción del Titicaca, de las poblaciones que lo rodean y del palacio que el inca tenía en una de sus islas, Centenera da cuenta de la fastuosidad de aquella civilización:

---

[47] Escrita por el padre Miguel Cabello de Balboa, 1602-1603. Publicada en las "Relaciones geográficas de Indias", t. II.

> En medio de la Laguna se formaba / Una isla de edificios fabricada / Con tal belleza i tanta hermosura, / que exceden a la humana compostura, / Una casa el Señor tenía labrada / De piedra blanca toda, hasta el techo, / Con dos torres muy altas a la entrada, / Había de una a la otra poco trecho, / y estaba en medio de ellas una grada, / y un poste en la mitad de ella derecho... / Encima de este poste i gran columna, / Que de alto veinticinco pies tenía, / De plata estaba puesta una gran Luna, / Que en toda la laguna relucía...

El relato de Centenera no tiene nada de fantástico: se reduce a la descripción simple y llana del imperio peruano tal como lo encontró. El Titicaca, con sus islas y el palacio del inca, los templos del Sol y de la Luna, y detalles pertenecientes a diversas ciudades incaicas, todo se halla entremezclado como propio de una sola ciudad.

Así, por ejemplo, sabemos que la luna, al igual que el sol, era adorada por los incas y sus vasallos, y que en las ciudades peruanas solía representarse su imagen esculpida en plata. Continúa Centenera:

> Pasadas estas torres se formaba / Una pequeña Plaza bien cuadrada / En el invierno i Verano fresca estaba, / Que de árboles está toda poblada, / Los cuales una fuente los regaba / Que en medio de la Plaza está situada, / Con cuatro caños de oro, gruesos, bellos... / En extremo la plata relucía / Mostrando su fineza i hermosura...

En la descripción de muchas ciudades peruanas hallamos plazas aún más grandiosas que la descripta por Centenera, que aparentemente nada tiene de extraordinario, excepto la fuente de plata con caños de oro, de la cual abundaban ejemplares en tiempo de los incas.

En la *Descripción hecha de la provincia de Vilcas Guaman por el ilustre señor don Pedro de Carabajal*, de 1586, se dice que el inca:

> …hizo en el dicho asiento un templo conforme a su gentilidad, todo de cantería labrada, donde tenía el sol de oro labrado; y en otra casa, junto al templo, tenía una luna grande de plata, los cuales tenían por sus dioses...

Y más adelante prosigue:

> Hay una plaza muy grande, que pueden caber en ella muy bien más de veinte mil hombres, la cual mandó el Inca hacer a mano y cegó una laguna muy grande que allí había para este efecto. Enfrente de esta Casa del Sol está un terraplén cercado de cantería de cinco estados de alto, y tiene su escalera de piedra muy bien hecha y labrada a manera de teatro, donde el Inca en persona salía a ser visto, y encima estaban dos sillas grandes de piedras cubiertas entonces de oro, donde el Inca y su mujer se sentaban como en tribunas y allí adoraban al sol...

Y eso que no se está hablando de la plaza del Cusco, mucho más maravillosa aún en su magnificencia. No es de extrañar, entonces, que con estos datos los españoles alimentaran todo tipo de fantasías respecto de las riquezas ocultas en regiones incógnitas.

Tampoco son asombrosos los ritos que los indios dirigían a sus divinidades: "La puerta del Palacio era pequeña, /De cobre...", informa Centenera y que los indios, al pasar "Por medio de las torres i Columnas postraban una rodilla, levantando los ojos a la Luna". Ningún indio, sin importar su linaje, osaba pasar por la calle del Sol calzado, y mucho menos se permitía ingresar calzado a la casa del Sol.

El sacerdote incaico recomendaba que solo el Sol merecía adoración, y cumplía con su obligación de divulgar e imponer el culto al Sol y a la Luna. Dice Centenera: "Un sol bermejo más que escarlata / Allí está con sus rayos señalados, / Es de oro fino el Sol allí adorado..."

Tal vez fuese aquel el mismo Sol de oro que en los despojos cayó en manos de un soldado Castellano, *"i en una Noche lo perdió al juego..."*. [48]

El "otro" Cusco

Detrás del Santuario Mayor del gran templo inca del Coricancha (o Templo del Sol), existe una entrada llamada de la gran Chingana, que es un túnel que comunica el santuario con la fortaleza de Sacsayhuamán, situada en lo alto de un cerro muy pronunciado y construida con piedras de varias toneladas.

Este túnel fue usado en el siglo XVI, durante la invasión española que se sumó a la guerra fratricida entre Huascar y Atahualpa por el imperio incaico, y por el príncipe inca Choque Auqui (Príncipe Dorado) hermano de estos, quien según la leyenda abandonó en medio de aquella crisis el palacio de Amarucancha llevándose la momia de su padre, Huayna Capac, y una estatua del mismo en oro, que envolvía su corazón momificado, llamado Wauke. El príncipe huyó en compañía de sus maestros (Amautas), archiveros (Quipucamayocs), sacerdotes (Willajs), vírgenes del sol (Ajillas), nobles (Orejones) y algunos

---

[48] Herrera, Déc. V, lib. IV, cap. IV. Según el autor, el ídolo del Sol que estaba en el templo del Cusco era *"de Oro finísimo i grandes Joyas, en el cual hería el Sol en saliendo, e hiriendo en él volvían los Rayos, como si fuera otro Sol; a este adoraban los Incas en segundo lugar (después de Viracocha) i allí tenían la hermosísima plancha de Oro del Sol..."*. Esta es la plancha que fue perdida al juego por un soldado.

guerreros, escapando de la inminente invasión de los hombres de Atahualpa.

Así, vista en peligro su ciudad, la elite social e intelectual cusqueña habría fundado "otro Cusco" siguiendo el camino de los antiguos, hacia un oasis de paz para salvaguardar los tesoros de su imperio. Se mantendrían allí, aislados hasta que el orden cósmico fuese restituido, y tanto la sabiduría como el conocimiento transmitido por los dioses volvieran a imponerse.

El tesoro preservado en aquella región apartada no estaba formado por joyas u oro. Paititi guardaría una estirpe de hijos de dioses, de sacerdotes, así como el conocimiento secreto del culto solar. Se oculta allí la historia secular de un pueblo que unió la tierra con el cielo, sintetizando todo el saber de las culturas que lo precedieron.

El imperio del Gran Paititi también fue tratado por el padre Benito Jerónimo Feijóo y Montenegro[49], quien apuntaba la creencia general de que aquel imperio había sido fundado por el resto de los incas huidos del Perú a la llegada de los conquistadores. El padre Feijóo no creía en la existencia de esos países imaginarios y hablaba de ellos sin más crítica que el escepticismo, citando, como curiosidad, algunos párrafos de otros autores y especialmente la *Historia de la China,* del padre Navarrete, en la cual áste dice que según le afirmaron: "…personas de toda satisfacción, en la Corte del gran Paititi la calle de los Plateros tenía más de tres mil oficiales…".

Dato al parecer fantástico –como el de la "Ciudad del Sol", muy próxima a Lima–, pero que se convierten en simples indicaciones históricas, completamente verosímiles y documentadas, cuando sabemos que en el Cusco había gran cantidad de plateros y

---

(49) "Theatro Crítico Universal o Discursos varios en todo género de materias, para desengaño de errores comunes". Madrid, 1759, t. IV. pág. 239 y sigs. Fábula de las Batuecas y países imaginarios.

de doradores y que la misma capital, por su célebre templo, era considerada la "Ciudad del Sol".

También cita al Padre Joseph de Acosta, quien en su *Historia natural de las Indias* (Sevilla, 1590) dice que el Marañón pasa por las llanadas del Paititi, de El Dorado y de las Amazonas; y al licenciado Antonio de León Pinelo, que en su *Tratado del chocolate*, fol. 3, afirma: "En las tierras del Tepuarie y del Paititi se han descubierto a las cabezadas del gran Río Marañón (…) montes de cacao".

Feijóo, en su voluntad descriptiva, llega aún más lejos: informa que el país es tan rico, que las tejas de las casas son de oro. La aseveración no parece exagerada si se recuerda que Cieza de León afirmó que en algunos templos del Sol como en el Palacio Real, los incas mezclaron junto al betún que utilizaban como cemento, oro líquido.

También se dijo que Pizarro le pidió a:

> Mango Inca que le diese algunos maderos de oro y plata para enviar a Su Majestad para que cubriese el aposento donde estuviese, haciéndole entender que Su Majestad los pedía; y así el dicho Mango Inca le dio treinta vigas de plata de veinte pies en largo y dos palmos en grueso, que valían gran suma y cantidad, las cuales sacó el dicho Mango Inca de la Casa del Sol del Cusco y las entregó al dicho Hernando Pizarro.

Como sea, la demostración de que el Patiti era la visión irreconocible del Perú incaico, parece definitiva y comprensible sin necesidad de añadir nuevas pruebas documentales.

Sin embargo, siempre acecha una última duda: ¿se supo alguna vez que el imaginario Reino del Paititi era el espejismo del antiguo Perú?

LOS PÁJAROS INVISIBLES

Esta alucinación del Perú bajo sus distintos nombres y aspectos, originó muchas expediciones que salieron a conquistar países imaginados en la soledad del Chaco o entre las alturas de las sierras andinas. Por todas partes el análisis crítico de las noticias dadas por los indios descubre hasta en sus más mínimos detalles los fulgurantes brillos de la civilización quechua.

Los conquistadores nunca se dieron cuenta de la fantasmagoría que los ofuscaba. Los nativos declaraban terminantemente que los países buscados eran las tierras y ciudades de los incas, pero nadie les daba crédito, como alejando aquellas revelaciones que evocaban países desaparecidos, cuyo recuerdo sobrevivía como un espectro de ilusión, surgiendo desde el fondo de la historia.

Las crónicas españolas relatan que Paititi fue construido y habitado después de la caída del Imperio Inca. El cronista Maúrtua (1677) relata que una vez dominado el Cusco, uno de sus habitantes fue interrogado: ¿Dónde está el Inca? –le habría preguntado un español–:

> El Inca, la corona y muchas otras cosas más están en la unión del río Paititi con el río Pamara (desaparecidos en el tiempo), a tres días del río Manu, fue su respuesta.

Existe un viejo mapa realizado en el siglo XVII en el museo eclesiástico del Cusco, traducido del quechua por unos misioneros jesuitas. Sobre el fondo del mapa están dibujados ríos y montañas. Alrededor de la carta es posible leer: "Corazón del corazón, tierra india del Paititi, a cuyas gentes se llama indios: todos los reinos limitan con él, pero él no limita con ninguno".

En el centro y arriba:

Estos son los reinos del Paititi, donde se tiene el poder de hacer y desear, donde el burgués solo encontrara comida y el poeta tal vez pueda abrir la puerta cerrada desde antiguo, del mas purísimo amor.

Por último, en la parte inferior derecha: "Aquí puede verse el color del canto de los pájaros invisibles".

Estas crípticas frases inscriptas en la antigua carta, no han hecho más que alimentar la leyenda, que a su vez fue creciendo hasta el presente. Se dice que los aviones y helicópteros que intentan alcanzar este mítico reino, al acercarse a la zona sufren extrañas averías o son víctimas de repentinas metamorfosis climáticas.

Las fotografías satelitales representan al lugar permanentemente rodeado de espesas nubes. Es como si toda el área estuviese poseída por una especial anomalía.

En 1978, el peruano Fernando Aparicio Bueno fundó en Cusco la Sociedad de Salvadores del Tesoro de Paititi, que se dedicó a investigar sobre el mítico reino. En 1988, Aparicio descubrió una gran ciudadela a siete días del Cusco. Esta sería una ciudad satélite de Paititi. La vasta vegetación tropical cubre casi por completo la antigua construcción, sin embargo deja a la vista algunas partes, que muestran el estilo arquitectónico post-imperial inca.

LA RUTA POSIBLE

El hechizo del Paititi sirvió de incentivo, como ya fue dicho, a no pocas cruzadas que salieron del Perú en busca del oro. Fenómeno extraño que tuvo como causa una incomprendida evocación histórica y como efecto, descubrimientos de nuevas tierras.

Muchas expediciones han recorrido diferentes caminos para intentar llegar al corazón del mítico reino. Pero solo una de ellas es la que consiguió legitimación como una ruta posible.

Al salir del Cusco por una carretera pavimentada que llega a Oropesa, se pasa por San Jerónimo; más adelante y hacia la izquierda, se toma un desvío de carretera afirmada de tierra y piedra que sube en zig-zag empinadas cuestas, para luego de muchas horas de viaje llegar a Paucartambo. De allí, se desciende desde la localidad de Tres Cruces por el valle de Cosñipata hasta Pilcopata donde se encuentra parte del Camino Inca y finalmente a Shintuya, último centro civilizado, en Madre de Dios, formado por una pequeña misión de padres dominicos a orillas del río Madre de Dios.

Desde Shintuya se continúa en barcas a motor, al cabo de cinco horas, se llega a la desembocadura del río Palotoa. A 15 km. de la desembocadura del Palotoa empieza el trayecto a pie. En algún recodo del río, se llega a una aldea Machiguenga. Es recomendable establecer un campamento en la orilla opuesta a la aldea principal. Para llegar a ella se debe recorrer una travesía de cerca de dos días. Una vez en ella habrá que esperar una autorización para cruzar el rió Siskibenia y llegar a la piedra de Pusharo, un lugar sagrado donde se encuentra una gigantesca pared rocosa llena de petroglifos que para algunos representa un mapa de la ruta al Paititi.

Esta gran pared lítica que contiene grabados diversos, signos y figuras totalmente desconocidas, se encuentra en la margen derecha del río Paloto. Estos petroglifos fueron avizorados inicialmente en 1921 por el dominico Vicente de Cenitagoya; los visitó posteriormente el médico y explorador peruano Carlos Neuenschwander Landa, quien cree haber identificado entre esos enigmáticos ideogramas un mándala, quizá de origen sánscrito, el cual se encuentra encerrado en un círculo.

Desde el punto de vista arqueológico, no hay al presente explicación satisfactoria acerca de los diseños de Pantiacolla, ni correlaciones con otras culturas; se ignora así mismo la edad de estos petroglifos.

Sin embargo, algunos investigadores creen que representa un medio para llegar al mítico reino de Paititi.

En dirección a las nacientes del río Siskibenia, se abre un cañón (Maisnique), que es considerado zona prohibida, pues en ella viven los "hombres vestidos de blanco". El cañón tiene una longitud de cuatro kilómetros, de allí hasta la meseta de Panticolla hay casi 45 km. de selva virgen. Tres días después se llega al pie de la meseta de Panticolla, pudiendo observarse la entrada de la caverna en forma de corazón hasta el interior de la montaña. De allí en más es tierra prohibida.

Según las leyendas, más allá debe hallarse el mítico cerro en forma de puño con cinco puntas, delante otro cerro más, luego las caídas de agua, más allá la laguna rectangular, y muy cerca la ciudad de Pantiacollo, centro neurálgico del mítico reino del Paititi.

Aquí puede verse el color del canto de los pájaros invisibles.

Capítulo XII

El Rey Blanco y el lago donde dormía el Sol

No solo los relatos de los indígenas foguearon la fantasía de los conquistadores en busca de universos dorados. También los hubo de plata. Los guaraníes de la costa brasileña, por ejemplo, contaban que muy al Occidente se encontraba la riquísima tierra de los caracaraes, dominio del Rey Blanco, caracterizada por una gran sierra de plata (es decir, de plata maciza), ríos de oro y otras indescriptibles maravillas. Entrando por el Río de la Plata se podían cargar los barcos con metales preciosos, aún lo más grandes.

Los súbditos del Rey Blanco, decían, llevaban sin excepción coronas de plata en la cabeza y planchas de oro colgadas al cuello.

Obviamente, muchos exploradores españoles fueron deslumbrados por las constantes noticias que daban los indios sobre la Sierra de la Plata y del imperio grandioso que se encontraba hacia el occidente ignoto, custodiado por un gran dragón invencible. A este dragón bien lo podría representar la impenetrable selva del gran Chaco, y era muy difícil de vencer.

Como se ha visto, en tiempos anteriores a la conquista española, los incas irradiaron esplendor y riqueza por toda América del Sur. Los guaraníes, a su vez, realizaron grandes migraciones hacia las tierras incaicas del Perú con ánimo de conquista, pero siempre fueron expulsados. Algunos, en su regreso, se establecieron en el gran Chaco y en las tierras paraguayas. Ya en las costas del Brasil, se encargaron de divulgar la fama de la Sierra de la Plata, de las ricas minas de Charcas. La noticia contenía elementos verídicos, pero aparecía deformada por el reflejo incaico, y mal calculada en su distancia del cerro Saigpurum, luego descubierto y llamado Potosí por los españoles.

Corría el año 1516 cuando tuvo lugar la primera búsqueda. Tres naves volvían a España por el río Paraná Guazú tras haber descubierto ese inmenso río-océano al que Juan Díaz de Solís llamó Mar Dulce. Los huesos del gran capitán quedaron junto con los de varios compañeros en esas playas, luego de una matanza seguida de un ritual antropofágico del cual solo se salvó, de todo el grupo de desembarco, el grumete Francisco del Puerto.

Luego, la pequeña flota pasó, sin su almirante, junto a la isla Yuruminrin, que más tarde Sebastián Caboto bautizaría con el nombre de Santa Catalina, en la costa del Brasil. Una de las carabelas, retrasada, naufragó en el Puerto de los Patos, la costa frente a la isla; y ahí quedaron abandonados dieciocho tripulantes.

Estos náufragos se enteraron de la historia de la Sierra de la Plata. Uno de ellos, Alejo García, decidió realizar una expedición en su busca. Hay que aclarar que estos españoles eran náufragos en tierra indígena, y que estaban a casi dos mil kilómetros de Potosí. El audaz Alejo García, con cuatro de sus compañeros, logró alistar a varios cientos de guaraníes, algo que no le costó mucho, ya que estos realizaban migraciones cada determinada cantidad de años hacia esa zona.

La expedición cruzó las extensas selvas brasileñas y logró llegar a las sierras de Potosí, la ansiada Sierra de la Plata. Corrieron muchos peligros y guerrearon contra numerosos indígenas a su paso. Cuando García volvía de esta arriesgada expedición, cargado de oro y de plata, fue atacado y muerto por indígenas, y su expedición deshecha. Solo algunos guaraníes y un hijo (americano) de García lograron regresar al Puerto de los Patos, donde estaban los demás náufragos a quienes les contaron las maravillosas historias sobre las inmensas riquezas y la muerte de sus compatriotas, que luego recorrerían la costa brasileña. Se cree que esta expedición ocurrió no mucho antes de la llegada de Caboto al Río de la Plata, hacia 1525.

Las noticias de la Sierra de la Plata corrían por toda la costa del Brasil, desde Pernambuco hasta el Río de la Plata, el cual obtiene su nombre por ser la vía más rápida hacia la famosa sierra, y no porque hubiera plata en sus costas. Estas noticias habían llegado a España en las naves de Solís; del portugués Cristóbal Jacques, que se encontró con el grumete Francisco del Puerto (sobreviviente de la matanza de Solís) en el Río de la Plata; de Rodrigo de Acuña; y de aquel castellano que en 1521 habló con nueve náufragos de Santa Catalina y subió por el Río de la Plata un buen trecho.

Estas buenas nuevas y los rumores sobre el imperio incaico se habían extendido por la costa brasileña hasta la boca del inmenso río de Solís. Y habían llegado hasta España clavándose como una obsesión en la mente de Sebastián Caboto.

Caboto firma con el rey de España una capitulación para ir a las islas Molucas (en el sudeste asiático). Llegó a la costa del Brasil el 3 de junio de 1526; fondeó en Pernambuco, en una factoría portuguesa. Durante su larga estancia allí, Caboto decidió, si es que no lo había hecho en España, explorar el río descubierto por Solís. Había obtenido bastante información sobre la existencia de grandes cantidades de metales preciosos.

Anoticiado de la existencia de los náufragos, Solís los recoge en su camino al Río de la Plata. Solo quedaban dos, Enrique Montes y Melchor Ramírez, los cuales exageraron sobremanera las riquezas que existían en la zona del Plata. En el Río de la Plata solo encontraron hambre y desastres. Con las mismas "riquezas" se encontró Diego García de Moguer (exintegrante de la expedición de Solís), quien al igual que Caboto, había conseguido la capitulación para ir a las Molucas, y la violaba igual que aquél, para explorar el Río de la Plata atraído por las riquezas de la famosa sierra.

Caboto y García regresaron a España sin poder encontrar nada, solo llevaron consigo más leyendas que atraerían a más españoles al Río de la Plata.

Todas las noticias que llegaban del Perú y de la todavía esquiva Sierra de la Plata, prepararon la armada de don Pedro de Mendoza, la cual se hizo a la vela con más de dos mil hombres para defender la Línea de Tordesillas contra los avances de los portugueses, que por el Brasil pretendían alcanzar las minas peruanas.

Mucho fue el hambre que se pasó luego de la fundación de Buenos Aires en 1536. Juan de Ayolas, decidido a llegar a la Sierra de la Plata, se lanzó aguas arriba del Paraná. Poco más tarde salió Juan de Salazar de Espinoza llevando una ayuda que no pudo llegar a tiempo.

Desde el alto Paraguay Ayolas cruzó el Chaco, dejando en un puerto a Martínez de Irala con treinta y tres hombres. Luego de muchos contratiempos llegó a las minas de Charcas y, al igual que Alejo García años antes, cargó todo el oro y plata que pudo. Sus hombres estaban muy debilitados y eran pocos; esto decidió a los indígenas que los acompañaban a sublevarse y matarlos a palos estando muy cerca de la meta, como revelarían algunos "indios amigos".

Mientras Salazar fundaba la actual Asunción del Paraguay, Irala, que llegaba hasta las mismas puertas del Perú, descubría que hacía tiempo que otros españoles ya dominaban esas tierras. El mito de la Sierra de la Plata comenzó entonces, como gotas de lluvia, a diluirse en el olvido.

EL IMPERIO SUBTERRÁNEO

Mientras en el Paraguay comenzó a disiparse la ilusión de la Sierra de la Plata, desde las profundidades del Chaco impenetrable no tardaron demasiado en surgir otras "noticias" excitantes. Algunas eran proporcionadas por los indígenas, y el relato los conquistadores —y que estos recreaban— abundaba en lo que ya se había oído, ignorando cuál había sido el principio. La imaginación veía un país misterioso, un imperio fantástico, un lago de extrañas supersticiones.

En aquella confusión de historias se entremezclaba también la creencia en fabulosos tesoros escondidos, tanto en lo más abrupto de las sierras, como en lo más hondo de los subterráneos secretos que se suponía existían en todas las antiguas ciudades incaicas.

En Perú se tenía la certeza de que Manco Inca se retiró con grandes tesoros y mucha gente a las montañas de los Andes, y creó allí una suerte de imperio subterráneo. No solo se esperaba descubrir el tesoro de Manco Capac, sino también los de todos los monarcas difuntos. Tanto Cieza de León, como el padre Acosta, el Inca Garcilaso, y hasta el indio Juan de Santa Cruz Pachecutec, atestiguan que las riquezas de los incas se encerraban en sus sepulcros, pues se dedicaban al servicio del difunto como si este se hallase en vida. Muchos de estos tesoros fueron descubiertos y robados, así como los de los ídolos que había en las huacas o santuarios. Pedro Pizarro, en su *Relación* del descubrimiento de uno de aquellos tesoros, afirma:

> Se hallaron en una cueva doce velas de oro y de plata, de la hechura y grandor de las de esta tierra, tan al natural que era cosa asombrosa de ver; se hallaron cántaros, la mitad de barro y la mitad de oro, y tan bien hechos que era cosa asombrosa de ver; se halló, asimismo, un bulto de oro, de que los indios recibieron gran pena porque decían que era la figura del primer señor que conquistó esta tierra (...) Esto se halló, como digo, en una cueva grande que estaba fuera del Cusco, entre unas peñas, que por ser piezas delicadas no las enterraron, como otros muy grandes tesoros de que se tuvo noticia que están enterrados.

Los depósitos subterráneos que se hallaban en comunicación con la fortaleza del Cusco fueron considerados por los españoles como cámaras de tesoros, y se hicieron de ellos curiosos planos. Respecto a las leyendas que circulaban de un tesoro oculto en la fortaleza del Cusco, se refiere que, en efecto, existía un salón secreto donde se oculta un inmenso tesoro consistente en estatuas de oro de todos los incas. Como prueba irrefutable de ello, se cuenta que una señora, doña María de Esquivel, se había casado con el último inca, un líder llamado don Carlos quien, a pesar de su rango, vivía pobremente. Cansado el inca de que su mujer le echara en cara que ella había sido engañada al casarse con un pobre indio bajo el título pomposo de inca, una noche le vendó los ojos y, después de hacerla recorrer una corta distancia y bajar algunos escalones, le mostró:

> ...un gran salón cuadrangular, donde colocadas en barricas alrededor de la pared, vio las estatuas de los Incas, cada una del tamaño como de un niño de doce años, y todas de oro macizo, También vio muchos

Figura de plata, oro y piedras preciosas que representaba para los incas la imagen del primer Señor que conquisto aquellas tierras.

vasos de oro y plata: en una palabra, según ella decía, era uno de los tesoros más magníficos del mundo entero.[50]

Aquellas "noticias" de un imperio maravilloso que flotaban en el Perú, en el Paraguay y en el norte de la Argentina, eran simplemente el reflejo del antiguo imperio de los Incas. Aún después de conquistado, ilusionaba con los relatos que de su esplendor se había hecho, elevados a la categoría de mito por la imaginación de los mismos conquistadores. Estos, no reconociendo aquellas imágenes, seguían con ojos de insomne y el alma codiciosa, la parte de una sombra, una refracción, un recuerdo.

Cuando en 1543 Domingo Martínez de Irala remontó el Paraguay acompañando al adelantado Álvar Núñez Cabeza de Vaca, volvió a tener noticia de la muerte de Ayolas y:

> …de unas mujeres que pelean como hombres y que son muy valientes y guerreras y que son señoras de mucho metal de oro y plata (...) y que todo el servicio de sus casas es de oro y plata, así como los ataderos con que hacen sus casas…[51]

Era la visión sintetizada de las vírgenes del Sol y de las mujeres escogidas, esposas de los Incas del Perú.

Desde el Puerto de los Reyes salió aquel mismo año de 1543 el capitán Hernando de Ribera hacia la laguna de los Xarayes. Partió el 20 de diciembre con un bergantín y cincuenta y dos

---

[50] Prescott, William H: "History of the Conquest of Perú", 1847.

[51] Relación anónima de 1543. Refiere Schmidl en el capítulo XXXVII que, mientras iban en busca de las amazonas, "anduvimos continuamente ocho días, de día y de noche, con el agua hasta las rodillas, y a veces hasta la cintura, sin poder salir de ella. Si habíamos de encender lumbre, armábamos sitio con palos en alto, donde ponerla, y muchas veces la comida, la olla y la lumbre, y aun quien la cocía, se caían en el agua y nos quedábamos sin comer. Los mosquitos nos molestaban tanto que no nos dejaban hacer nada."

hombres (*Comentarios,* cap. LXV). La laguna de los Xarayes fue uno de tantos focos de ilusión, al punto que incluso llegó hasta a dársele el nombre de El Dorado. A Álvar Núñez los indios le habían dicho que: "...cuando los Xarayes van a la guerra (...) los habían visto sacar planchas de plata...". (*Comentarios*, cap. LX.)

Vuelve a confirmarse la procedencia de aquella plata y oro con lo que se dice en el capítulo LXX de los *Comentarios*:

> ...dijeron (unos indios tarapecocis que habían llegado con Alejo García y se hallaban en el Puerto de los Reyes) que los payçunoes que están a tres jornadas de su tierra, lo dan a los suyos en trueque de arcos y flechas y esclavos que toman de otras generaciones, y que los payçunoes lo obtienen de los chaneses y chimenoes, carcaraes y candires, que son otros indios, que lo tienen en mucha cantidad (...) Le fue mostrado un candelero muy limpio y claro para que lo viese, y declarase si el oro que tenían en su tierra era de aquella manera, y dijeron que lo del candelero era duro y vellaco, y lo de su tierra era blando y no tenía mal olor, y era más amarillo; y luego le fue mostrada una sortija de oro, y dijeron si era de aquello mismo lo de su tierra, y entonces dijo que sí.

La laguna de los Xarayes resultó ser confundida con la laguna de Guatavita, con el lago Parime y con el Titicaca. Los inciertos conocimientos geográficos de la época, la oscuridad de las relaciones y la falta de crítica de los geógrafos y cronistas, fueron quizás los principales culpables de esta confusión.

Para que el desconcierto pasase a ser completo, la mezcla resultante de los cuatro lagos fue designada con el nombre de El Dorado. Así vemos, por ejemplo, en un mapa de 1598, la laguna de los Xarayes con el título de Laguna del Dorado, y en la carta de De L'Isle (1700), los xarayes aparecen contiguos al Pays des Amazones.

Centenera escribía que, según algunos, el río Paraguay nace del lago Parime, en la provincia de El Dorado. Guzmán, por su parte, anotaba que:

> ...más adelante, por el Paraná, entran otros muchos a una y otra mano, en especial el Paranaiba-uy, y otro que dicen de la laguna de El Dorado, que viene de la parte del Norte, de donde han entendido algunos portugueses que cae aquella laguna tan mentada, que los moradores de ella poseen muchas riquezas. (Libro I, cap. III.)

También López de Velazco, en su *Descripción universal* de las Indias, decía que:

> ...el Dorado era un lago inmenso que caía al Norte del Puerto de los Reyes: de ahí nacía el Río Paraguayo de la Plata...

En tanto Herrera, en su *Descripción...* también consignaba que:

> ...otros dicen que (el Río de la Plata) sale de la laguna del Dorado, que es quince jornadas de la de los Xarayes, aunque hay opiniones que no existe El Dorado.

Herrera ya distinguía la laguna de El Dorado de la de los Xarayes, pero aún daba crédito a la creencia de que el Río de la Plata salía de la laguna del Dorado. En el lago de los Xarayes, o a muy corta distancia, generalmente al sur, los mapas solían colocar la isla del Paraíso o de los Orejones, que también supo sumar fantasías. Hasta se creía que sus habitantes eran descendientes de Manco Capac debido a sus largas orejas.

El padre Domingo Muriel (bajo el seudónimo de Ciriaco Morelli) acabó por llamar cenagal al lago de los Xarayes, declarando que la isla de los Orejones o del Paraíso no era más que un mito.

Leyenda o no, lo cierto es que Ribera partió hacia la laguna de los Xarayes, en los Chiquitos, y retornó al Puerto de los Reyes a fines de enero de 1544. Durante su expedición, los indios:

> ...le dijeron y certificaron que allí duraba la creciente de las aguas cuatro meses del año, tanto que cubre la tierra cinco y seis brazas de alto, y es preciso de andarse dentro de canoas con sus casas todo este tiempo, buscando de comer, sin poder saltar en la tierra, y en toda esta tierra tienen por costumbre los naturales de ella de matarse y comer los unos a los otros, y cuando las aguas bajan vuelven a armar sus casas donde las tenían antes que creciesen, y queda la tierra infectada de pestilencias y mal olor y pescado que queda en seco en ella, y con el gran calor que hace es muy trabajosa de sufrir.[52]

Pero la noticia más sensacional que tuvieron de los indios fue la que daba cuenta de las vírgenes del Sol y las mujeres escogidas del Perú. Debido al desconocimiento histórico que los conquistadores tenían de ellas y la influencia de reminiscencias extrañas, las llamaron "amazonas", al igual que en otras partes de América adonde había llegado la misma noticia. Ribera también oyó de los indios acerca de la existencia de: "...muy grandes poblaciones y gente de indios que conviven con las dichas mujeres".

Sin que preguntara nada, le señalaron que dicho imperio se encuentra en el centro de un lago muy grande, al que nombraron la casa del sol, debido a que, según dijeron, en esas aguas se encierra el sol.

No parece haber mayores dudas respecto a que se trata del gran lago Titicaca y de su celebrado Templo del Sol, del cual los indios tenían noticia; pero no así los españoles del Paraguay. Luego agregaron que aquellas:

---

[52] *Comentarios*, Capítulo LXXII.

> ...eran gentes que andaban vestidos, y las casas y pueblos las tienen de piedra y tierra y son muy grandes, y que es gente que poseen mucho metal blanco y amarillo, en tanta cantidad, que no se sirven con otras cosas de vasijas y ollas y tinajas muy grandes...

Aludían en este caso a los pueblos peruanos: los palacios de los incas y de los nobles eran de granito, y las cabañas de los pobres, de barro. Como para confirmar sus indicaciones los indios señalaron a Ribera que aquellos pueblos demoraban al noroeste, situación geográfica que desde el lugar en que se hallaba Hernando de Ribera corresponde exactamente al Perú:

> Hay pueblos tan grandes –añadían– que en un día no pueden atravesar de un cabo a otro. (Recuérdese que el Cusco era la ciudad más extensa y poblada de Sudamérica.)

Y volvían a insistir con el hecho: "...que toda son gente que posee mucho metal blanco, y con ellos se sirven en sus casas, y que toda es gente vestida...".

No debe extrañar la insistencia de los indios en estos particulares, pues a ellos debería de resultarles tan sorprendente la abundancia de oro y plata como el hecho de que hubiese "gente vestida". Y no solo eso: los ropajes estaban ornados con piedras preciosas, exactamente como se engalanaban los incas.

Agustín de Zárate, en su *Historia del Perú*, indica que los indios peruanos:

> ...se preciaban de traer muchas joyas de oro en las orejas y en las narices, esmeraldas en su mayoría, que se hallan solamente en aquel paraje, aunque los indios no han querido mostrarnos sus fuentes (...) Se atan brazos y piernas con muchas vueltas de cuentas de oro, plata y Turquesas pequeñas, así como de Lentejuelas blancas y coloradas, y Caracoles, sin consentir traer a las Mujeres ninguna cosa de estas. (Libro I, cap. IV.)

Tumi - Cuchillo Ceremonial de oro con turquezas. Representa una deidad
antropomorfa (quizá Naymlap) en posición erguida con los brazos abiertos
sujetando dos enigmáticos discos. Luce una corona semicircular en filigrana
enriquecida con turquesas incrustadas al igual que los ojos, collar, orejeras y
vestido. Fue utilizado en ritos funerarios y pertenece a una era pre-inca..

De acuerdo a lo que nos informa Zárate, los indios tenían un alto aprecio no solo por el oro, sino también por las esmeraldas, con las que adornaban tanto vestimentas como vasijas. Además, ciertas culturas les adjudicaban a estas piedras valores curativos para ciertas enfermedades.

Por otra parte, los indígenas revelaron a los españoles que la gente del Gran Lago eran labradores, y que:

> ...tenían muy grandes mantenimientos y crían muchos patos y otras aves (...) y criaban mucho ganado de ovejas muy grandes, a las cuales, al parecer, utilizaban en tareas propias de la tierra como para la carga..[53]

Todos estos sencillos datos la historia los reconfirma como propios de la civilización quechua. Además, aquellos indios le revelaron a Hernando de Ribera que entre las dichas poblaciones hay otros cristianos, lo cual era cierto, dado que los españoles, aunque Ribera no lo supiese, ya dominaban en el Perú. Aquellos españoles, gente vestida, blanca, con barbas... traían caballos, es decir, que venían en ellos.

Estas noticias aquellos indios las conocían porque:

> ...entre todos los indios de toda esta tierra, se comunicaban y sabían que era muy cierto, porque habían visto y comunicado que habían visto los dichos cristianos y caballos que venían por los dichos desiertos (...) y que los indios que decían lo susodicho, decían que tenían asimismo noticia que en la otra banda, en el agua salada, andaban navíos muy grandes...

---

[53] Una vez más, se trataría de llamas y vicuñas.

Por último, los indios declararon: "…que cada generación y población tiene solamente uno de la misma generación, a quien todos obedecen...".

Se referían a los curacas, los caciques vencidos, confirmados en sus puestos por la voluntad del inca.

Capítulo XIII

El inca Condori

La imagen del Perú entrevista por Hernando de Ribera en las declaraciones de los indios, volvió a presentarse a Irala cuando este cruzó el Chaco, en 1548, hallando el Perú ya descubierto y conquistado.

Cuenta Schmidl que:

> …después que nosotros ya nos acercábamos a algo más de una milla larga de camino de los dichos machkaysis (tamaçoçis), allí nos salieron al encuentro y nos recibieron muy bien y en seguida nos empezaron a hablar en español: nos quedamos fríos donde estábamos, y acto continuo les preguntamos a quién estaban sometidos, o a quién tenían por señor; contestaron ellos, a nuestro capitán y a nosotros, que eran súbditos de un caballero de España llamado Peter Ansuless…

En realidad, se trata de Pedro Anzures Enríquez de Camporredondo, y existen otros testimonios del mismo episodio. Irala, en su *Carta* de 1555, dice simplemente: "...Y porque en esta provincia se nos declaró muy particularmente ser los Charcas y estar ganado y ocupado por los conquistadores del Perú...".

Irala no ignoraba por cierto, antes de su partida, que el Perú ya estaba conquistado, así como tampoco lo ignoraba la mayoría de los pobladores del Paraguay.

La expedición de Irala fue en demanda de las minas y tierra de los caracaraes (charcas), según lo confirma el propio Schmidl:

> Seguimos –prosigue Irala en su Carta– con muy larga noticia de prosperidad y muchas minas de plata en las sierras de los caraxas –sic, por caracaraes–, que es la noticia antigua que siempre tuvimos.

Lo más probable es que Irala creyese que los caracaraes nada tuviesen que ver con el Perú, pues a pesar de saber que este se hallaba conquistado, se lanzó de todos modos en busca de confirmar la noticia antigua.

Ruy Díaz de Guzmán, nieto de Irala, refiere que en aquel viaje:

> ...le dijeron también estos indios a Domingo de Irala cómo entre el Brasil y el Marañón y las cabezadas del Río de la Plata, había una provincia de mucha gente que tenían sus poblaciones a las riberas de una gran laguna y que poseían gran cantidad de oro del que se servían; y así le dieron los españoles a esta laguna por nominación el Dorado, cuyos naturales dicen que limitan con unos pueblos de solas mujeres (...) por lo cual nuestros españoles llamaron a aquella parte la tierra de las Amazonas... [54]

---

[54] *La Argentina*, lib. II, cap. VII.

En el relato de Guzmán se distingue fácilmente la gran laguna del Titicaca y otras alusiones a la civilización y riqueza de los peruanos. El trasunto de las Vírgenes del Sol, convertido en la leyenda de las amazonas, solo sirvió a Guzmán para recordar las mujeres de Scitias antiguas.

Con idéntico criterio, utilizó también el nombre de El Dorado. Schmidl relata que en aquella expedición vieron cómo los indios bebían la sangre de las fieras, y que los conquistadores: "...no nos acordábamos del Oro ni la Plata, que todo era clamar por Agua".

Irala se encontró con el inca Condori en las faldas de la cordillera peruana. Condori era hermano del rey Guacane, a quien el inca le había dado título de rey de lo que así conquistase. Los chiriguanos habían combatido contra Guacane y Grigota, matando al primero y siendo vencidos por el segundo. Sin embargo, no abandonaron la cordillera y conservaron en su poder al rey Condori y a sus mujeres.

Algunos investigadores suponen que el nombre del rey Condori, antiguo Señor del Cerro de Saigpurum y de los llanos del Guapay, haya podido dar origen al de Candire, con el cual se designaba a un monarca fabuloso, y al de Chunguri, primera denominación del Guapay. Aunque otra versión asegura que el nombre Condori pudo ser originado por el de Condor Curi, Buitre de Oro, apelativo que se daba al principal de esta provincia antes que señoreasen los incas en esta tierra...

Los indios del Paraguay designaban con el nombre Candire al inca del Perú. Así, por ejemplo, los indios de los Xarayes dijeron a Nufrio de Chaves y a Hernando de Salazar que el Candire era muerto y que era el señor del metal verdadero.

También es posible que el reino del Candire, situado cerca de Arancangá, fuese el de algún delegado incaico. Cieza de León refiere que en tiempos de Viracocha figuró en esa región un jefe llamado Candi.

Lo cierto es que se produjo aquella curiosa entrevista entre Irala y el inca Condori, y el padre Alcaya ha conservado algunos detalles de la misma. Según parece, el inca Condori, amenazado por los chiriguanos de que si descubría el secreto cerro (de Saigpuru) al español, harían con su pellejo un tambor, era un hombre de pequeña estatura, pero delante de Irala, los europeos quedaron impresionados por el porte y la autoridad que emanaba el inca. Entre las muchas preguntas que le hizo Irala, insistía una y otra vez por la ubicación y el destino de las minas, a lo que el inca respondía siempre con las mismas palabras: las tenían ocupadas otros españoles en Porco.

Entonces, Irala le dijo: "Vuelve Condorillo, a vuestra casa".

La utilización del diminutivo implicaba una afrenta a la autoridad del inca, pero este nada podía hacer. Inesperadamente, aquel apelativo que le dio Irala, Condorillo, conoció la posteridad: ese es el nombre por el que hoy se conoce el río Parapiti y su zona de influencia.

Con el tiempo, el cerro y las minas de Chaipurum atrajeron ilusos hasta principios del siglo XVII. La *Relación* del padre Alcaya atestigua que Andrés Manso pobló los llanos de Condorillo (así se conoce a la región) en procura de las mentadas minas de oro y plata.

En 1604, Pedro López de Zavala, poblador del Valle de Tomina y bisnieto de Irala, prometía conquistar a los chiriguanos a cambio de las siguientes condiciones:

> Que si se descubriesen en la dicha provincia las minas del cerro de Saipurú o Chaipurum, de cuya riqueza se tiene gran noticia, u otros mincrales dc oro o plata, pueda asentar y poblar y hacer asientos en nombre de su Majestad y repartir o señalar las varas de minas, sitios del ingenio y en Real potestad, nombrar Corregidores, Alcaldes mayores de minas, oficiales Reales, veedores y demás oficiales en el interín que su Majestad envía propietarios, etc.

Una vez que Irala regresó a Asunción, volvió a lanzarse al Chaco en enero de 1553, con la intención:

> ...de entrar en la Provincia del Dorado y descubrir los montes que caen de la otra; y parte del río Cuapay, que es uno de los brazos del Marañón.

Esta salida es la que se conoció tradicionalmente con el paradójico nombre de "mala entrada".

LA MALA ENTRADA

En los documentos originales de la época de Irala no se menciona ni una sola vez que "la mala entrada" haya sido en busca de El Dorado. Esta palabra no aparece escrita en los documentos paraguayos sino hasta después del año 1560. Sin embargo, es de suponer que fuese conocida antes de esa fecha, pues debieron traerla Irala y sus compañeros desde el Perú, en 1549. En efecto, en su *Carta* de 1555, Irala escribía que: "...esta noticia es la que se platica y aprende en el Perú, Santa Marta, Cartagena y Venezuela...".

Se refería, indiscutiblemente, a El Dorado, aunque sin nombrarlo, y a los otros mitos que zumbaban en aquellas partes de América, suponiendo que todos ellos formaban parte de la misma noticia.

Cuando el 29 de julio de 1559 llegó la expedición de Nufrio de Chaves al puerto de Santiago, tierra de los xarayes, los indios principales de la comarca se juntaron en el pueblo del cacique Rataberé, y después de explicar que el metal no se sembraba y que el metal amarillo lo sacaban de la tierra, dieron noticia del Titicaca, cuna del Sol, del inca y de las fiestas que en presencia del monarca peruano se realizaba con quenas y tambores en el solsticio de verano.

Luego, el indio que refería estas noticias recordó vagamente las guerras que los guaraníes habían llevado a la región de Charcas, indicando también el camino más fácil y transitado para ir hasta aquella tierra: "...donde había dado Dios todas las cosas buenas, mientras que en la de ellos no había más que la comida...".

Pero el dato más importante que brindó fue que la casa de aquel monarca estaba hecha de metal por dentro. La noticia causó asombro, dado que los conquistadores no comprendieron que los indios se referían a los palacios del inca y a los templos que, en el interior, se hallaban materialmente forrados con chapas de oro.

En *Conquista y población del Perú* se dice que los españoles encontraron en un pueblo:

> ...una casa de plata, con seis vigas y tablazón bien gruesa (...) en el Cusco había casas del Sol que eran muy bien obradas de cantería y cerradas juntos a la techumbre de una plancha de oro de palmo y medio de ancho, y lo mismo tenían por dentro en cada bohio o casa y aposento...

Por su parte, Francisco de Xerez, en su *Conquista del Perú*, dice también del templo del Sol de Cusco:

> Y de las chapas de oro que esta casa tenía quitaron setecientas planchas (...) a manera de tablas de cajas de tres y cuatro palmos de largo.

El recuerdo del esplendoroso Perú incaico, completamente desaparecido por la acción transformadora de la conquista y colonización, contagió al resto del continente en un país de leyenda que se reproducía en la fascinación de imperios imaginarios: los mojos, la Tierra Rica, los caracaraes o charcas y sus minas, el Gran Paititi, la Sierra de Plata, y un lago inabarcable, el Titicaca, que como el Guatavita, el Parime y el de los Xarayes, no solo fomentaba infinitos sueños dorados, sino que era capaz incluso de hacer dormir al Sol.

Antiguo mapa español en el que se trazan las rutas que conducirían a las tierras de Paititi.

Capítulo XIV

La ciudad de los césares

El periplo está llegando a su fin, aún cuando nunca termina de alimentar el fuego de la fantasía. Desde las selvas amazónicas, atravesando las regiones plateadas, habrá que descender, arrastrados por un mito, hasta las heladas cumbres de la Tierra del Fuego.

Nos hallamos con Caboto en el fortín de Sancti Spiritus. Es el mes de octubre del año 1529. El hechizo de la Sierra de la Plata mantiene desde hace largos meses en un quimérico orgasmo a la gente de Caboto. Las soñadas riquezas parecen llamar desde la lejanía; pero ante ellas se impone la inmensidad de la naturaleza invencible.

Entonces Caboto, mientras estuvo ocupado en construir algunos bergantines, dio licencia a quince personas para que fuesen tierra adentro a descubrir las minas de oro y plata u otras inciertas

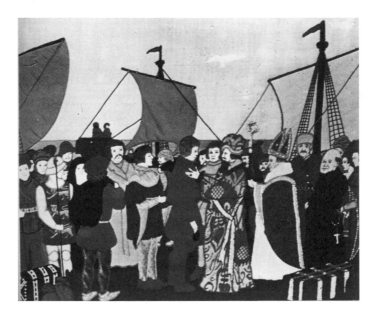

Enrique VII de Inglaterra despidiendo a Sebastián Caboto
(serie de tapices de la historia de Inglaterra).

riquezas que pudiesen existir en aquel territorio esquivo. Los expedicionarios se dividieron en tres grupos (unos por la tierra de los querandíes, otros por la de los curacuraes, y los últimos por el río del Curacuraz).

De aquellos hombres solo volvieron a los cuarenta o cincuenta días, el capitán Francisco César con seis o siete personas. Todos ellos afirmaron unánimemente que: "…había tanta riqueza que era maravilla, de oro y plata y piedras preciosas y otras cosas".

Entonces:

> …el dicho capitán General y el capitán Diego García y los otros capitanes y oficiales de Su Majestad, acordaron de hacer una entrada a las dichas minas por la tierra adentro y dejar las naos y fortalezas a buen recaudo…

¿Qué vieron aquellos hombres en su expedición? Las declaraciones en el Proceso de Caboto insisten en hablar de tanta riqueza que era maravilla; pero según los soldados de Caboto, que más tarde se incorporaron a Asunción, César y sus compañeros debieron oír a los indios de las pampas de San Luis y Mendoza narrar la historia del inca y de los pueblos peruanos, ricos en oro y plata, ganados y grandísima cantidad de ropa bien tejida.

Guzmán afirma que Caboto envió a César y a sus compañeros en busca del camino para entrar al rico Reyno del Piril y sus confines. Esto, como se sabe, fue discurrido a posteriori por el autor de *La Argentina*, pues Caboto despachó a aquellos hombres con la esperanza de que encontrasen las minas de oro y plata.

Prosigue Guzmán refiriendo que los expedicionarios, después de atravesar:

> …una cordillera que viene de la costa de la mar y va corriendo así al poniente y septentrión, se va a juntar con la general y alta Cordillera del Perú y Chile, haciendo la una y la otra muy grandes y espaciosos valles poblados de muchas naciones (…), se encaminaron hacia el Sur y (…) entraron en una Provincia de Gran suma y multitud de gente muy rica de plata y oro que tenían mucha suma de ganados y carneros de la tierra, de cuya lana labraban grandísima cantidad de ropa bien tejida. Estos naturales obedecían a un Señor que los gobernaba… (Lib. I, cap. IX.)

Con este señor, los expedicionarios estuvieron algunos días siendo muy bien tratados, hasta que:

> …César y sus compañeros le pidieron licencia para volverse; y siéndoles concedido, les mandó dar a cada uno muchas piezas de oro y plata y muy buena ropa, toda cuanta pudieron traer, trayendo consigo algunos indios que les acompañaron y vinieron sirviendo por mandado de su señor.

Este relato de Guzmán se apoya, seguramente, en versiones proporcionadas por los soldados de César al retornar a Sancti Spiritus. Lo más probable es que César y sus compañeros, al oír hablar vagamente a los indios de las llanadas de San Luis y Mendoza, de un señor lejano, con muchas riquezas, carneros, ovejas de la tierra y buenos tejidos, hayan dicho que lo vieron y fueron recibidos por él.

Algo de todo esto debe de haber ocurrido, como parece comprobarlo la Real Cédula dada en Madrid, el 1º de septiembre de 1532, a los oficiales de la Casa de la Contratación de Sevilla. El trasfondo de las noticias consignadas por Guzmán respecto a lo visto por César y sus hombres, retrotraen a otras informaciones relacionadas con el inca, respecto de las riquezas y civilización quechuas.

El mismo espejismo del Perú, pero con un colorido distinto al que ofuscó a Caboto y a García, ilusionó también a César. En la costa del Brasil y en el Río de la Plata se conocía la existencia de las minas de Charcas con el nombre de la Sierra de la Plata, en tanto que en la región recorrida por César, se vislumbraba el aspecto civilizado y rico del imperio peruano.

Generalmente, se supone que la aventura de César haya sido el núcleo original del mito de la ciudad encantada de los césares, que entre nubes y ensueños recorrió toda la cordillera andina, desde las sierras peruanas hasta los hielos del estrecho.

La realidad de la leyenda, es que las "maravillas" vistas u oídas por César y sus compañeros se creía que eran patrimonio de los náufragos que en diversas ocasiones se perdieron para siempre en el estrecho de Magallanes.

El mito de los césares, por tanto, nació de hechos históricos rigurosamente ciertos, pero extrañamente confundidos en la imaginación de los conquistadores. Aunque siempre se distinguió la aventura de César y la de los náufragos en el estrecho, reconociendo, desde Guzmán, que de cuyo nombre (César) comúnmente llaman a esta tierra la Conquista de los Césares, nunca se ha analizado el mito en sus partes constitutivas, demostrando cómo el esplendor del Perú entrevisto por César se atribuyó a los náufragos perdidos en el estrecho y a sus fabulosas ciudades.

El nombre del capitán, en definitiva, fue el que dio origen a la denominación de los césares.

LA HORRIBLE BOCA DEL ESTRECHO

Una vez fundamentado el mito en los reflejos peruanos aplicados a las fantásticas poblaciones de los náufragos en la Patagonia y Tierra del Fuego, la leyenda de los césares tuvo vida propia, pero siempre dependiente de la civilización chilena y argentina. Es por esto que el mito cambia de fisonomía con el transcurso de los siglos, según el prisma con que se le veía desde ambas vertientes de la cordillera.

Ahora conviene iniciar el derrotero de la historia de los Césares con la de los náufragos perdidos en el brumoso estrecho de Magallanes.

El primer grupo de náufragos que quedó abandonado en el estrecho, fueron parte de los hombres que componían la armada del cosmógrafo portugués Simón de Alcazaba. Llegadas las naves al estrecho y comprobada la horrible esterilidad de la tierra, muchos de los expedicionarios se sublevaron, y mataron a Alcazaba con la intención de dedicarse a la piratería.

Sin embargo, quienes se mantuvieron leales al portugués dominaron la conspiración, ejecutaron a los cabecillas y dejaron abandonados en la costa a gran número de marineros. De los doscientos ochenta hombres enrolados en Sanlúcar, volvieron tan solo unos ochenta. Los restantes, o fueron muertos o quedaron perdidos en Tierra del Fuego.

Después del fracaso de la expedición de Alcazaba, el rey de España capituló otra expedición al estrecho con Francisco de Camargo, haciendo cuentas sobre las ilusorias riquezas que se habían de repartir; pero no pudiendo Camargo iniciar el viaje, su hermano, el obispo de Placencia, don Gutierre de Vargas Carvajal, que costeaba la expedición, puso al frente a un comendador de Burgos, llamado fray Francisco de la Rivera, lugarteniente de Camargo, al cual se transfirió la capitulación hecha con este el 25 de julio de 1539.

La armada del obispo de Placencia, así llamada por haberla costeado don Gutierre, se hizo a la vela a fines de 1539, y llegó al estrecho el 20 de enero de 1540. A los dos días, intentando avanzar, naufragó la nave capitana, pero todos sus tripulantes lograron salvar sus vidas con enorme fortuna, refugiándose en la costa.

La nave, al mando de Gonzalo de Alvarado, siguió en el mismo intento, pero fue arrastrada por las corrientes, y después de pasar seis semanas en el Puerto de las Zorras, en la isla grande de la Tierra del Fuego, se vio obligada a regresar a España, llevando la noticia del desastre.

En ese viaje de regreso, la nave de Alvarado equivocó el rumbo y llegó al Cabo de Buena Esperanza, donde, por causa de un temporal, quedaron abandonados cinco hombres enviados a reconocer el terreno.

En las costas de Guinea se perdieron otros tripulantes, pero no obstante, la nave al fin pudo llegar a Lisboa. En tanto, el barco de Camargo fue el primero que por el estrecho llegó al Perú. Uno de sus mástiles sirvió de asta a la bandera en la plaza de Lima, y muchas de sus tablas se utilizaron para fabricar puertas para la casa de los Pizarro.

En España, por las noticias que llevó Alvarado, se creyó que fray Francisco de la Rivera y sus ciento cincuenta compañeros se hallaban vivos en el estrecho, esperando socorro.

En 1553, Francisco de Ulloa, enviado por Pedro de Valdivia, avanzó hacia el estrecho, y unos dos años después, don García Hurtado de Mendoza, envió al estrecho a Juan Ladrillero y al piloto Hernán Gallego, con cuarenta hombres, los cuales lo recorrieron de mar a mar. Nada se supo en estas expediciones de los náufragos del comendador Rivera. Habían transcurrido, desde entonces, dieciocho años.

En 1557, después de aparecer en el Perú un famoso cometa con la cola dirigida hacia el estrecho, pasó por este a bordo "El Pelicano" sir Francis Drake. Hasta la fecha se ignora si Drake tuvo noticia de los famosos náufragos.

Volviendo a la armada del Obispo, una vez que se marchó la de Alvarado, las dos naves restantes que componían la expedición, una de ellas, dirigida por Alfonso de Camargo –pariente de Francisco–, consiguió atravesar el estrecho y llegó al puerto de Quilcas, en Perú, donde fue desecha y vendida. La otra nave desapareció, sin que jamás se haya podido averiguar su paradero.

Ahora bien: ¿cuál fue la suerte que corrieron el comendador fray Francisco de la Rivera y todos los otros tripulantes de la nave capitana? ¿Qué fue de los hombres embarcados en la cuarta nave del obispo de Placencia?

LOS NÁUFRAGOS DEL OBISPO

Todas las investigaciones resultaron inútiles y el misterio se cierne sobre su historia. No resulta difícil presumir que aquellos hombres salvados en tierra, aún con armas y mantenimientos, murieran en seguida. Se adaptarían al ambiente o se trasladarían solos o en masa a otras regiones, viviendo tal vez largos años perdidos en aquellas tierras.

Los indios fueguinos no podían ignorar su existencia, que se transmitiría de tribu en tribu, desde el fondo de la Patagonia hasta los españoles de Chile, Córdoba y Tucumán.

La imaginación de los conquistadores nunca olvidó a aquellos náufragos misteriosos. Se los suponía apartados del mundo, casados con indias y formando una ciudad fantástica. Se decía que un tal Sebastián de Argüello, supuesto comandante de la nave capitana, se había erigido en patriarca y emperador de los césares.

El primero en hablar de él fue el padre Diego de Rosales en su *Historia general de Chile* y en la *Conquista espiritual*. Otros cronistas repiten lo dicho por Rosales, olvidándose todos del verdadero jefe, fray Francisco de la Ribera.

En ninguno de los registros relativos a la expedición de Camargo se ha hallado nombramiento o título alguno extendido a nombre de Argüello. Solo se encontró una información de servicios hecha en 1579 por un tal Sebastián de Argüello; pero en ella, el interesado no dice haber tropezado en el estrecho con fray Francisco de la Ribera. Entre los años 1538 y 1555 pudo haber formado parte en la expedición del obispo de Placencia.

También se tiene noticia de un Juan de Argüello, que en 1539 consiguió un permiso para llevar esclavos a Indias. Tal vez este embarcara en la armada del obispo de Placencia.

Años después de la gesta náutica del obispo, los antiguos conquistadores de Tierra del Fuego recordaban haber oído, en las rcmotas latitudes australes, claras referencias a los náufragos. En la *Probanza de la gente española que vino en la armada del obispo de Placencia*, hecha en Santiago del Estero y en San Miguel de Tucumán durante el año 1589, Jerónimo de Vallejo, escribano del Cabildo de Santiago del Estero, declaró haber oído a Alderete en el viaje que hizo con él a España en 1555, que en su expedición a la Patagonia, hecha por orden de Valdivia, había tenido noticia de la existencia de los náufragos del obispo de Placencia.

Lo mismo declararon el escribano mayor del Tucumán, y el capitán Pedro Sotelo de Narváez, especificando este último lo que un tal Juan de Espinosa confirmó. Agregó que había oído en casa de Alonso de Escobar, en Santiago de Chile, que 195 indios puelches afirmaban que aquellos náufragos de la Patagonia tenían espadas, perros bravos y muchos hijos, y que el jefe era un viejo a quien llevaban en andas, llamado Juan de Quirós.

Esto, a juicio de Espinosa, debía ser cierto, porque también lo había escuchado en el Perú, de boca de un antiguo tripulante de la nave del obispo de Placencia que llegó al puerto de Quilcas, asegurándole que había sido su capitán y se había quedado en el estrecho.

Otro testigo, Juanes de Artaza, declaró que en 1566, en la posada de Santiago de Chile, se mostraba una espada y un clavo pertenecientes a los misteriosos cristianos de la Patagonia, y que de mano en mano había llegado hasta allí. El capitán Blas Ponce refirió que en 1583 conoció a un francés muy anciano, llamado Ibaceta, el cual contaba que, yendo cierta vez en un navío extranjero por el Mar del Norte, había visto a unas cien leguas al sur del Río de la Plata, un navío de españoles que se decía había pertenecido a la armada del obispo de Placencia. Además, en cierto lugar de la costa patagónica, ciento cinco indios informaron por señas a los tripulantes de su navío que tierra adentro había otros hombres como ellos, con arcabuces, que les quitaban la comida y las mujeres.

Muchos de los detalles referidos por los declarantes en la *Probanza...*, concuerdan con lo consignado en los documentos relativos a la expedición de la armada del obispo de Placencia, lo cual demuestra un indiscutible fondo de verdad; pero otros, aunque también rigurosamente históricos, pertenecen a empresas y expediciones distintas, lo cual confirma asimismo que en la tradición de los náufrago del estrecho se infiltraron episodios de las más variadas procedencias.

LA CIUDAD DE LOS MUERTOS

Una de las más notables está relacionada a la expedición de la armada de Pedro Sarmiento de Gamboa. En una de las tentativas por penetrar en el estrecho, se perdió una nave con doscientos de los seiscientos soldados que se dirigían a Chile.

En el estrecho, Sarmiento de Gamboa fundó los fuertes "Nombre Jesús" y "Real Felipe". Como los víveres no resultaban suficientes volvió a España en busca de ellos; pero en el camino cayó en manos de unos corsarios ingleses que lo llevaron a Londres. Entretanto, los soldados que se quedaron en el estrecho fueron muriendo poco a poco.

Un marinero llamado Tomé Hernández, recogido en enero de 1587 por Thomas Cavendish y escapado de su navío en un puerto de Chile, declaró que él era el último sobreviviente de la gente abandonada en el estrecho. Algunos le creyeron, pero otros supusieron, con razón, que debían haber quedado más náufragos en aquellas regiones.

Cuando el filibustero Cavendish llegó a la ciudad de San Felipe, tomó cuatro cañones que estaban enterrados en cada uno de los bastiones. La pequeña ciudad era agradable y ventajosa, cercada por bosques y agua, tenía su iglesia y una media horca con un hombre ahorcado. Al pasar los ingleses por allí, se encontraron con muchos cadáveres vestidos, en las calles y las casas, muertos de hambre y algunos devorados por las fieras.

Los pocos sobrevivientes abandonaron el lugar, infectado por la presencia de la muerte, vagando un año por las costas en busca de alimentos, hasta que veintiún hombres y dos mujeres, los que quedaban de los cuatrocientos pobladores, intentaron tomar el camino del Río de la Plata, adonde no llegaron nunca, según refirió el último sobreviviente, llamado Hernando y apresado por los ingleses.[55]

Todas aquellas declaraciones podían anidar la confusión y el error, pero lo cierto era que, entretanto, la fama falsa o auténtica de los fabulosos habitantes del estrecho seguía su carrera de ensueño, dejando en las mentes los gérmenes de encantadas leyendas.

---

[55] Pedro Sarmiento de Gamboa: *Relación y derrotero del viaje y descubrimiento del estrecho de la Madre de Dios, antes llamado de Magallanes*. Madrid, 1768.

Capítulo XV

Trapalanda

Inconscientemente, "lo de César", las maravillas que en su entrada desde Sancti Spiritus habían visto "los césares", o sea, los soldados del capitán Francisco César, se entremezclaban con el rumor de los náufragos abandonados. Tal vez alguien, confundiendo fechas, se imaginaba que César, en su entrada, había llegado hasta aquellos solitarios parajes de la Patagonia. En fin, la historia de César, que Guzmán oyó en el Perú, descendió a Chile hasta dar su nombre a las leyendas que circulaban sobre los náufragos del estrecho. Es posible confirmar esta tesis debido al hecho de que los nombres con que se distinguía a otras conquistas más o menos fabulosas, se aplicaron también a la ya mitológica odisea de los césares patagónicos.

El Estrecho de Magallanes en la actualidad. Este paso cobró importancia estratégica cuando se descubrió que "Las Indias" eran en realidad un nuevo continente.

Así, por ejemplo, Guzmán dice que Francisco de Mendoza, durante su expedición de 1542, tuvo noticia de los comechingones que:

> ...en la parte sur había una provincia muy rica de plata y oro (...), a la que llamaban Yungulo,(...) que se entiende ser la misma noticia que en el Río de la Plata llaman los Césares, tomado del nombre de quien la descubrió.

Entre la gente de Mendoza iban cuatro soldados que habían pertenecido a la armada del obispo de Placencia. El deán Gregorio Funes, por su parte, escribía que Abreu organizó otra expedición: "...fomentando una preocupación popular: el descubrimiento de los Césares o Trapalanda".

Esta confusión entre la Trapalanda y los césares, aparece también en varios documentos. Oñez de Loyola, nombrado gobernador de Chile, también pensaba pasar la cordillera para descubrir la Trapalanda y los césares.

Entretanto, no faltaban expediciones militares que se lanzaban en diversos rumbos al descubrimiento de los césares y de otras provincias desconocidas, ilusoriamente ricas.

Además de las expediciones mencionadas, cabría recordar la que Hernandarias llevó a cabo en 1604 con unos doscientos hombres, marchando cerca de doscientas leguas hasta las márgenes del río Negro, en busca de la noticia que se dice de los césares. Hernandarias había tenido noticia de los náufragos de la armada de Sarmiento de Gamboa que habían quedado en el estrecho.

No puede negarse que en su intento habrá anidado la esperanza de rescatarlos. En su información al rey, Hernandarias solo le decía que para la conquista de los césares:

> ...juntó doscientos hombres y los proveyó de todo lo necesario, y caminó con ellos cuatro meses con grandísimos trabajos por la este-

rilidad de la tierra y ser inhabitable, por lo cual enfermaron todos y le fue necesario volverse...

Pero Hernandarias no desesperó. Estaba convencido de que la Ciudad de los césares debía encontrarse: "...más arrimada a la cordillera que va de Chile para el Estrecho, y no a la costa del mar".

Muy interesante es el bando que Juan de Torres de Navarrete dio en Asunción el 23 de febrero de 1586, con objeto de alistar a gente para una expedición que debía salir al cabo de dos años en busca de los césares. Torres Navarrete dice:

> Me ha parecido hacer una jornada y población en la noticia de los Césares o Elelín, dicho por otro nombre, por tener bastante relación de la mucha copla de naturales que hay en la dicha parte para atraerlos al gremio cristiano y a la obediencia de S. M., y otrosí por la gran noticia de riquezas que tienen los dichos naturales...[56]

LOS CÉSARES FANTASMAS

El mito patagónico se había adornado con una bella ciudad que, con el tiempo transcurrido desde el naufragio de la armada del obispo de Placencia, habían erigido aquellos náufragos en las soledades ignotas del lejano sur.

Decía el jesuita Guevara que:

> Trapalanda es provincia al parecer imaginaria, situada hacia el Estrecho de Magallanes, o, por lo menos, en la Provincia Magallánica, en cuyos términos ponen algunos la ciudad o ciudades

---

[56]El original de este documento se encuentra en el Archivo Nacional de Asunción, núm. 311, vol. XL, núm. 21. Fue publicado por el doctor Manuel Domínguez, con una introducción sobre Elelín o la Tierra de los Césares, en "El alma de la raza", páginas 161 y siguientes.

de los Césares, por otro nombre: Patagones. Los hacían cristianos de profesión, con Iglesias y Baptisterios, imitadores en ceremonias y costumbres de católicos; con campanas a las puertas de las iglesias para congregar el pueblo a las funciones eclesiásticas. ("Déc", VI, parte I.)

El testimonio de dos marineros, Pedro de Oviedo y Antonio de Coba, supuestos moradores de la Ciudad de los Césares, parece corroborar esta versión:

Ay quien oyó las Campanas; ay quien comunicó y vio a los Césares; ay finalmente, quien asistió a la fundación de la ciudad y habitó muchos años en ella…

Y prosigue:

Estos Césares, desde el principio se publicaron por náufragos de la Armada de don Gutiérrez de Caravaxal, y en poco más de veinte años que corrieron desde el naufragio hasta la entrada de Aguirre a los Comechingones, les crecieron tanto los pies que desde entonces se llaman Patagones por la grandeza de los pies.[57]

Los eternos sueños de oro que dieron forma a aquel espejismo del Perú llamado Paititi, revolotearon igualmente en torno de la Ciudad de los Césares, haciéndola imaginar grande, populosa y rica, como si ella también fuese un reflejo desconocido del maravilloso Cusco.

En un expediente de 1601, se resumen de la siguiente manera todas las ilusiones que flotaban sobre la Patagonia y el estrecho de Magallanes:

---

[57] Se sabe que la etimología de patagones viene de una palabra italiana, consignada por Pigafetta, y que significa "pies grandes". Pero según otros autores, "patak" equivale a una centuria, número de indios que habitaban San Julián a la llegada de Magallanes.

A unas setenta leguas al sur, hay unos sepulcros que, de acuerdo a la razón de los indios, se entiende que hay muchos metales que por lo que ellos señalaron, es oro (...) Cien leguas más adelante está una provincia que llaman los Césares, y la gente de allí vive en casas de piedra y andan vestidos y se sirven de vasijas de plata y oro (...) Esta conquista es ahora la más deseada en estas partes, así de estas provincias como de las otras comarcanas. Hay más adelante, hacia el estrecho, otros indios, entre los cuales hay algunos descendientes de blancos, según ellos dicen, y andan vestidos y tienen espadas y andan a caballo. Pero no en caballos, antes las señas que dan son borricos; se cree que estos son de los que envió el obispo de Placencia al estrecho de Magallanes, los cuales trajeron a aquella tierra garañones y hembras de ellos. De allí en adelante hay indicios de ser la tierra muy rica, por lo que yo averigüé con dos ingleses en el Río de Janeiro.

La descripción que al principio de este documento se hace de la Ciudad de los Césares, recuerda vagamente las que los indios del Paraguay y del Chaco hacían del Cusco y de la riqueza peruana. Sin duda, el mismo estilo de aquellas relaciones se aplicó en este documento para describir la Ciudad de los Césares. Manuel Domínguez, en *El alma de la raza*, escribió:

La Ciudad de los Césares, o bien era un espejismo, o bien Cusco, que por la confusión de los relatos, se siguió buscando después de conquistada.

La leyenda de los césares tuvo siempre un mismo trasfondo. El aspecto con que se veía a los náufragos que en distintas oportunidades habían quedado abandonados en el estrecho, variaba según las relaciones de los indios, y estas, según los conocimientos que los salvajes adquirían de los mismos españoles. Era aquél un eco recíproco.

De esta manera, el mito se agigantaba y extendía. Aún cuando se encontraba confinado en los extremos de la Patagonia, se intentaba buscarlo desde el remoto Paraguay. Su fama sonó tanto o más que la del Paititi, y fue el último ensueño que se esfumó en las llanuras inmensas y vacías, desapareciendo por fin entre las cumbres andinas, cuando la audacia de las exploraciones hubo traído la desilusión de lo conocido.

No solo los conquistadores corrieron tras la sombra de los náufragos abandonados y de sus fantásticas ciudades; también los misioneros quisieron recordar a aquellos cristianos perdidos en la palabra de Dios, y con este motivo no debemos olvidar los intentos del desgraciado padre Nicolás Mascardi.

Salió de Chiloé a fines de 1670, guiado por una "princesa" india llamada Huanguelé, ("Estrella"), convertida al cristianismo, que había prometido llevarlo a la Ciudad de los Césares. Lo acompañaban también algunos canoeros y taladores.

Desde el lago Nahuel Huapi despachó con los indios cartas escritas en castellano, latín, griego, italiano, araucano, puelche y poya a los señores españoles establecidos al sur de la laguna Nahuel Huapi.

En respuesta, unos indios trajeron un cuchillo, un pedazo de espada y otros objetos, diciendo que se los habían dado dos hombres vestidos de blanco, con los cabellos y la barba largos.

Mascardi creyó que estos serían los césares, pero en Chile se pensó que más bien debían ser los últimos náufragos de una nave perdida poco tiempo antes en las proximidades del estrecho.

En 1672, Mascardi llevó a cabo otra entrada desde el Nahuel Huapi hasta el Atlántico, donde encontró los restos del campamento de Juan de Narbourough, quien por orden del Rey de Inglaterra había salido a explorar la Patagonia y tomar posesión del estrecho. Mascardi fue asesinado poco después en la misma misión de Nahuel Huapi.

Los datos de los césares que obtuvo Mascardi y los descubrimientos que hizo, prueban que los indios, al ser interrogados acerca de si tenían conocimiento de los cristianos, respondían afirmativamente, sin mentir, pues se referían a náufragos perdidos en costas lejanas, a campamentos de marinos extranjeros o a poblaciones españolas cuyos nombres desconocían, pero habían entrevisto en la lejanía o conocían por el relato de otros indios. No olvidemos que, tanto en las selvas del Brasil, como en el Chaco y en la Patagonia, los indios se comunicaban todos entre sí, haciendo correr una misma noticia de un extremo a otro del continente. Quienes se engañaban eran los mismos españoles: en cualquier noticia que daban los indios, ellos veían a los Césares.

La dificultad de las comunicaciones y lo vagamente que los indios llevaban las noticias a través de La Pampa y de la Patagonia, hacían que la misión de Mascardi en Nahuel Huapi también mereciera el título de Ciudad de los Césares por la gente de Buenos Aires.

Al mismo tiempo, los detalles confusos que los indios daban a Mascardi de los cristianos de Buenos Aires y de otras poblaciones, hacían surgir en la mente del misionero la imagen de la tan buscada ciudad.

El cacique Melicurá, que se presentó a Mascardi como proveniente de los césares con una carta del "Capitán de los huincas", solo traía un certificado de buena conducta de don José Martínez de Salazar, gobernador de Buenos Aires, firmado en el fuerte de esta ciudad el 15 de agosto de 1673.

Los gigantes de la Patagonia

Aquellos hombres, alucinados por una leyenda tan maravillosa como perturbadora, ignoraban la historia de los naufragios y las exploraciones llevadas a cabo por otros barcos extranjeros que aparecían clandestinamente. Además, como en el caso del Paititi, no podían concebir que los indios les hablasen de las poblaciones de donde ellos mismos acababan de salir.

Durante todo el siglo XVIII, la Ciudad de los Césares, cuyos habitantes, según los informes del Padre Feijóo, araban con rejas de oro, fue buscada aún con más ahínco que en los primeros tiempos de la conquista.

Un tal Silvestre Antonio de Rojas estuvo más de doce años haciendo gestiones para que se le encomendase en España y en Chile la conquista de los césares. Rojas, que al caer prisionero de los pegüenches había llegado a ser su cacique, describía la Ciudad de los Césares en términos verdaderamente fantásticos; pero las autoridades nunca le dieron crédito. Rojas imprimió y repartió en el virreynato del Perú un folleto titulado *Derrotero de un viaje desde Buenos Aires a los Césares, por el Tandil y el Volcán, rumbo al Sudoeste, comunicado a la corte de Madrid, en 1707, por Silvestre Antonio de Roxas, que vivió muchos años entre los indios Pegüenches*, en donde decía que:

> En la otra banda de este río grande (que se vadea a caballo en tiempo de cuaresma, que lo demás del año viene muy crecido) está la Ciudad de los Césares españoles, en un llano poblado, más a lo largo que al cuadro, al modo de la planta de Buenos Aires. Tiene hermosos edificios de templos y casas de piedra labrada y bien techados al modo de España: en la mayoría de ellas tienen indios para su servicio y de sus haciendas. Los indios son cristianos que han sido reducidos por los dichos españoles. A las partes del Norte y Poniente tienen a la cordillera Nevada, donde trabajan muchos minerales de

oro y plata, y también cobre; por el Sudoeste y Poniente, hacia la cordillera, sus campos con estancias de muchos ganados mayores y menores, y muchas chácaras donde recogen con abundancia granos y hortalizas. Carecen de vino y aceite, porque no han tenido plantas para viñas y olivares. A la parte del Sur, como dos leguas, está la mar, que los proveen de pescado y marisco...

Quizás alentado por estos datos, un franciscano llamado Pedro Jerónimo de la Cruz, se ofreció en 1724, desde Montevideo, a evangelizar a los césares, a los que conocía por las narraciones que le había hecho su padre; pero tampoco fue atendido.

El 11 de agosto de 1746, el jesuita José Quiroga escribía al gobernador y capitán general de Buenos Aires sobre el descubrimiento de las Tierras Patagónicas en lo que toca a los Césares, citando el caso de una cautiva que, llevada a lejanas regiones del sudoeste, encontró unas casas con gentes blancas y rubias que le parecieron españoles, pero que no la entendieron cuando les habló en castellano.

El padre Lozano no se atrevía a negar la existencia de aquella región encantada y mencionaba tres ciudades que la fantasía popular atribuía a los césares. Aquellas ciudades eran la de Muelle, Los Sauces y Hoyos. En Chile se hablaba de otra ciudad, próxima al estero de Cahuelmo, llamada Santa Mónica del Valle.

En 1760, el Padre Tomás Falkner publicaba *Derrotero desde la ciudad de Buenos Aires hasta la de los Césares, que por otro nombre llaman la Ciudad Encantada*, describiendo la urbe fantasma casi con las mismas palabras que Silvestre Antonio de Rojas.

Decía Falkner en su *Derrotero...*, que para llegar a la Ciudad de los Césares había que pasar las sierras del Tandil y la laguna de Guaminí, el río de las Barrancas, el cerro Payen y los ríos Diamante, San Pedro y del Estero o de los Ciegos, hasta llegar donde los indios puelches, en la boca de un valle donde nace el río Hondo. Siguiendo hacia el sur se encontraba a tres leguas el río Azufre, y a las treinta leguas otro río grande:

> ...muy ancho y muy apacible en sus corrientes; y este río nace en la cordillera de un valle grande, espacioso y muy alegre, en donde están y habitan los indios Césares. Es una gente muy crecida y agigantada, tanto que, por el tamaño del cuerpo, no pueden andar a caballo, sino a pie. Estos indios son los verdaderos Césares; que los que vulgarmente llaman así no son sino españoles que anduvieron perdidos en aquella costa y que habitan junto al río que sale del valle, en las inmediaciones de los indios Césares; y por la cercanía que tienen a esta nación les dan vulgarmente el mismo nombre, no porque en realidad lo sean.

En su *Descripción de la Patagonia*, publicada en Hereford en 1774, Falkner considera una leyenda los césares descendientes de los antiguos náufragos. En tiempos de Falkner, estaba de moda suponer que los césares no eran más que los indios cercanos a la laguna de Nahuel Huapi.

LA CIUDAD DE LOS SERES INMORTALES

Un entusiasta de la Ciudad de los césares, que se pasó la vida soñando con ella, fue don Ignacio Pinuer. En la *Relación de las noticias adquiridas sobre una ciudad grande de españoles, que hay entre los indios al Sud de Valdivia, e incógnita hasta el Presente*, escrita en 1774, Pinuer describe una ciudad fortificada, con foso y puente levadizo, asegurando que sus habitantes se defienden con artillería, lo que se sabe fijamente, porque a tiempos del año la disparan, y que usan lanzas y puñales, aunque no he podido averiguar si son de fierro. En cambio, no tenían fusiles, pero solo se sientan en sus casas en asientos de oro y plata.

Según Pinuer, los indios contaban que aquellos misteriosos pobladores usan sombrero, chupa larga, camisa, calzones bombachos y zapatos muy grandes. No había averiguado si también usaban capa, porque los indios solo los ven fuera del muro a caballo. En cambio, se sabía perfectamente que vestían de varios colores y que eran blancos, con barba cerrada, y por lo común de estatura más que regular.

Además, aquella buena gente eran:

> …inmortales, pues en aquella tierra no morían los españoles (…), por lo cual, (…) no cabiendo ya en la isla el mucho gentío, se habían pasado muchas familias de algunos años a esta parte, al otro lado de la laguna, esto es, al Este, donde han formado una nueva ciudad.

El cacique Marimán había divisado esta ciudad desde el cerro de los Cochinos, que se halla en la laguna de Rauco, y estaba convencido de que eran los españoles de Osorno. También el cacique Pascual, que tenía su tribu al otro lado del río Bueno: "…expuso que cerca de su casa hay un cerro bajo o loma, de donde no solo se divisa la ciudad, sino hasta la ropa blanca que lavan".

Lo cierto es que el 15 de septiembre de 1776, Pinuer salió de Valdivia con ochenta soldados en busca de los césares de la laguna de Peyegüé. En el camino, después de pasar el llano de Culchilleufué, fundaron el fuerte de la Concepción del Río Bueno. Llegados a la laguna, hallaron en la margen opuesta al indio Turin, que en su lengua significa "traidor", de más de ochenta años, quien se ofreció a guiarlos a los césares.

Así anduvieron entre bosques espesos hasta que llegaron a la laguna de Llayquigué, en cuyas márgenes acamparon, preparándose para vadearla, pero aquella noche el indio Turin desapareció. De regreso al rancho de Turin, lo hallaron simulando estar enfermo, temeroso de que los habitantes de la Ciudad de los Césares le podrían quitar la vida por haberlos descubierto.

La interacción entre los pobladores originarios de América
y los españoles o ingleses fue numerosa y no siempre los
conquistadores lograban sobrevivir al encuentro.

EL FIN DE LOS SUEÑOS

Allá por el año 1790, la bella leyenda de la Ciudad de los Césares hizo sospechar a los avisados virreyes de Buenos Aires, que los indios que hablaban de cristianos en las latitudes australes descubrían, sin saberlo, establecimientos fundados por ingleses u otros extranjeros.

El último enamorado que buscó la Ciudad Encantada fue el fraile asturiano, de la orden franciscana, Francisco Menéndez. El 12 de enero de 1792, Menéndez descubrió por segunda vez Nahuel Huapi, y en otra entrada desde Chiloé al mismo lago, los indios del lugar le revelaron que a orillas de un río que salía de Nahuel Huapi (el Negro) a muchas jornadas, había una ciudad llamada Chico Buenos Aires, con campanas, casas y numerosos aucahuincas (supuestos mestizos de araucanos y europeos), con calzones blancos y chaquetas, que sembraban y hacían pan.

El cacique que dio estos datos fue tan expresivo que hasta demostró cómo amasaban y, por último, agregó que el cacique de aquella ciudad se llamaba Basilio y había llegado hasta allí a recoger manzanas. Menéndez oía arrobado, convencido de que por fin daría con los verdaderos césares; pero, en su avance hacía aquella ciudad misteriosa fue detenido por el cacique Chuliaquín, quien lo obligó a volver atrás.

Menéndez tal vez nunca supo que aquella ciudad, que él suponía de los césares, era Carmen de Patagones, y que el cacique Basilio era don Basilio Villarino, que por real orden de 1782 había llevado a cabo la exploración del río Negro.

La leyenda de los césares patagónicos fue el último mito que se conoció en América. Los albores de la guerra civil que trajo la Independencia hicieron olvidar el ensueño de los náufragos olvidados. Más tarde, la guerra a los indios pampeanos dio el golpe definitivo a los postreros vestigios de aquella ilusión. La ciudad errante, flor encantada de las latitudes australes, se esfumó en el horizonte lejano, siempre virgen, siempre deseada, huyendo ante el avance impetuoso de la civilización.

Se fueron los náufragos abandonados, que en el remoto estrecho y en las islas de los misteriosos lagos andinos habían construido bellas ciudades alegradas por rumor de campanas. Ya nadie sueña con las legendarias poblaciones de las cuales los indios daban tan minuciosos detalles. La perfumada tradición, después de haber muerto en la memoria de los viejos pobladores de Chiloé, ha refugiado su tembloroso recuerdo en algunos documentos olvidados, recuperando momentáneamente las briznas de una poesía definitivamente perdida.

Capítulo XVI

El Dorado en el arte

Es indudable que tanto la leyenda de El Dorado, cuanto sus protagonistas, han dejado una huella muy profunda en la memoria colectiva de los hombres. La promesa de su luz se ha ido perpetuando sin respetar tiempos ni contingencias, y ante el pragmatismo de la modernidad, empecinada en reducir todo tipo de fronteras, El Dorado fue ganando rápido espacio en una multiplicidad de relatos llegados desde el arte y la creación.

En 1972, por ejemplo, el alemán Werner Herzog, con su particular gramática cinematográfica, narró la vida de Lope de Aguirre en una película que habría de catapultarlo rápidamente al plano internacional. En *Aguirre, la ira de Dios* (Aguirre, der Zorn Gottes), Herzog trasciende el personaje y su empresa gracias a la inolvidable interpretación de su actor fetiche, el temperamental Klaus Kinski, quien casi literalmente asumió el espíritu del

Portada de la película *Aguirre, la ira de Dios* de Werner Herzog.

conquistador. En su obra autobiográfica, *Yo necesito amor*, (Ich brauche Liebe, 1992), Kinski evoca la recreación de Aguirre en los siguientes términos:

> …Le digo a Herzog que Aguirre tiene que ser un tullido, porque no tiene que parecer que su poder procede de su físico. Tendré una joroba. Mi brazo derecho será demasiado largo, como el brazo de un mono. El izquierdo en cambio, será demasiado corto, de manera que tenga que llevar sujeta a la parte derecha del pecho –soy zurdo– la vaina de mi espada, en lugar de en la cadera, como es habitual. Mi pierna izquierda será más larga que la derecha, de modo que tenga que arrastrarla. Caminaré de lado, como un cangrejo. Tendré el pelo largo, me lo dejaré crecer hasta los hombros antes de que empiece el rodaje. Para la joroba no necesitaré ninguna prótesis, ningún maquillador que me toquetee. Seré un tullido porque quiero serlo. Igual que soy guapo cuando quiero. Feo. Fuerte. Endeble bajo y alto. Viejo y joven. Cuando quiero. Acostumbraré mi columna vertebral a la joroba. Con mi postura, sacaré los cartílagos de las articulaciones y manipularé su gelatina. Voy a ser un tullido hoy, ahora, inmediatamente. A partir de ahora, todo se hará en función de mi contrahechura: las ropas, la coraza, las sujeciones de las armas, las armas propiamente dichas, el casco, las botas, etcétera.

Por entonces ya Aguirre, "El Loco", había asumido la categoría de ícono entre los buscadores del oro hispanoamericano. A propósito tanto de la leyenda como del cineasta, Francisco Peña escribe para *Cine Visiones*:

> …la leyenda puede expandirse de un personaje a toda una comunidad. Allí Herzog no plasma a un único individuo sino a toda una comunidad. La relación del personaje solitario y alucinado con su medio se expande para plasmar la interrelación de todos los miembros del cuerpo social.

Así, el mito fue alcanzando una dimensión cercana al inconsciente colectivo que marchaba entre realidad y ficción. Y lo cierto es que la leyenda de El Dorado representa mejor que nada una ambición esencial del hombre: la búsqueda de la riqueza, sea esta material, afectiva o existencial, y en esa búsqueda interminable, el espectáculo que se brinda cuando las mejores y las peores facetas del individuo sobrevuelan la superficie. Escribe Peña al respecto:

> …Herzog desarrolla paulatinamente la trama de la toma del poder por parte de Aguirre. Gracias al recorrido por el río se engranan la conspiración, el incesto, la toma del poder, el paulatino enloquecimiento del personaje. Pero siempre presente, como otro personaje que controla las idas y venidas de los conquistadores, está la naturaleza.

Aguirre, sin embargo, es apenas uno de los hombres que corrió tras la fascinación del mito; hubo otros. Lo suyo, acaso por la espectacularidad de sus actos, sobresale del resto, pero lejos está de ser el único. Sin embargo, precisamente por ese conjunto de acciones dislocadas, Aguirre se erigió para el arte en un paradigma de aquella epopeya utópica.

Ya en 1988, el español Carlos Saura retoma la cuestión. Su película *El Dorado* se constituyó, acaso, en uno de los mayores esfuerzos de producción realizados por el cine español de aquellos años. A diferencia de *Aguirre, la ira de Dios*, el film del español estuvo rodeado por un mar de críticas que, básicamente, apuntaban al proceso de la conquista. Así, el mito se filtró además por las hendiduras de la política y la ideología.

En otro punto, Omero Antonutti, el actor que representa el papel de Aguirre, aporta aquella mirada respecto de la leyenda, esa en la cual la riqueza, no necesariamente es el oro. Aguirre, según él: "…comprende que El Dorado es una falsa meta, una ilusión, y que la verdadera meta, después de tantos años de lucha es la libertad".

Valdrá la pena recordar que Aguirre se "alzó" contra la Corona española, informándoselo al rey desde una peculiar misiva.

Pero no solamente el cine se ha ocupado del mito, y en este caso, nuevamente, tomando a Lope de Aguirre como su icono.

En 1962, aparece *La aventura equinoccial de Lope de Aguirre,* novela fundamental de Ramón Sender, que retoma el camino por el mito y su personaje que iniciara el venezolano Arturo Uslar Pietro en *El camino de El Dorado*, obra de 1947, y que luego prosiguieron el argentino Abel Posse con *Daimón* (1978) y el también venezolano Miguel Otero Silva un año después con *Lope de Aguirre, príncipe de la libertad*. Todas estas obras regresan, casi obsesivamente, sobre la leyenda y sobre un personaje que es un asesino y un libertario al mismo tiempo. Un idealista y un carnicero.

Asesino y libertario, como el mito mismo, porque como dice el propio Aguirre en la novela de Sender:

> Yo no he matado con mi espada sino a otro hombre que también llevaba espada al costado (…) Los demás no los he matado yo, sino el buen azar de Dios, que por todos vela y que permite solo aquello que debe ser permitido.

Tampoco el teatro ha resistido ni a la fascinación del mito como a la sobrecogedora figura de Aguirre. El prolífico dramaturgo valenciano, José Sanchis Sinisterra, le dedicó al tema tres de sus obras: *El retablo de El Dorado* (1985), en donde el protagonista no es Lope sino don Rodrigo, un noble español que prepara una expedición para llegar a El Dorado y hacerse con las supuestas riquezas que allí lo aguardan, *Crímenes y locuras del traidor Lope de Aguirre* (1986) y *Lope de Aguirre, traidor* (1992), una curiosa pieza construida a partir de nueve monólogos.

CHRISTIAN KUPCHIK

LOS DORADOS CONTEMPORÁNEOS

Las crónicas periodísticas cuentan que, en 1920, el piloto norteamericano James Angel, que estaba realizando un vuelo de exhibición en Sudamérica, sufrió un desperfecto mecánico en su nave y debió ensayar un aterrizaje de emergencia en una altiplanicie andina a 3.500 metros de altura. Decidido a no perecer en el intento, Angel fabricó una pieza sustituta con la suela de su zapato y pudo regresar sano y salvo.

A la noche siguiente, y cuando todavía se comentaba la proeza del aviador, en el bar del hotel en el que se alojaba, en la capital panameña, otro estadounidense lo abordó. Angel supuso que el hombre llegaría con felicitaciones y preguntas; pero no. Quería contratarlo.

Se trataba de llevarlo a un cierto lugar situado al sur del río Orinoco, en Venezuela, en donde era necesario aterrizar de un modo muy parecido a como lo había hecho James forzado por las circunstancias.

Al aviador la propuesta le resultó poco atractiva pero, para no desairar al desconocido, adoptó una postura amable pero que, suponía, lo habría de librar del compromiso: aceptó el trabajo pero cobraría por él cinco mil dólares, una cifra algo excesiva que, calculó Angel, haría desistir al otro de su oferta.

Sin embargo, James se llevó una inesperada sorpresa. Al día siguiente, a la diez de la mañana, el sujeto se presentó ante él, en el mismo bar en que se encontraron por primera vez, portando un cheque con la cifra solicitada. El aviador caía en su propia emboscada y ya no podía más que cumplir con su palabra.

Hechos los arreglos necesarios para el vuelo, Angel y el enigmático contratante iniciaron el viaje hacia Venezuela con rumbo desconocido, al menos para el aviador. Superaron el río Orinoco hacia el sur y, siempre guiado por el estrafalario compatriota, avistaron un río, en cuya margen el aviador debía aterrizar; era una pequeña sabana a 2.600 metros de altura.

Imágenes aéreas
del lugar geográfico
donde los modernos
exploradores norteameri-
canos esperaban encontrar
por fin El Dorado.

Era el atardecer cuando la nave tocó tierra. Una vez establecidos, el norteamericano le pidió a James que lo esperara y desapareció solo y a pie. Recién a la mañana siguiente la figura del aventurero volvió a recortarse en el horizonte. Llegaba con varios sacos en las manos dentro de los cuales había unas sesenta libras de pepitas de oro.

Más allá de la sorpresa por la inesperada mercancía, Angel le dio poca importancia al asunto, y se alegró de que allí terminase la aventura, porque minutos después remontaban vuelo y regresaban a Panamá. La tarea había sido rápida y lucrativa. Se despidieron y James se olvidó de él.

No obstante, catorce años después de aquella insólita empresa, el aviador viajaba en tren cuando de repente, el mismo norteame-ricano de los cinco mil dólares en el bar panameño se sentó a su lado. Rememorando la aventura, ahora sí, el que fuera su pasajero terminó de contar la historia que dejó al aviador sin palabras. Aquel era el lugar en el que, se suponía, efectivamente estaba El Dorado, para desazón de todos los conquistadores que habían dejado su vida en una búsqueda infructuosa. En aquella pequeña sabana a 2.600 metros de altura, y a unas pocas horas de marcha del lugar en el que habían aterrizado, las pepitas de oro aguardaban a flor de tierra a quien quisiera recogerlas.

James Angel apenas podía explicarse la falta de curiosidad que tuvo entonces. Pero no volvería a ocurrir. El verano de 1934, el aviador regresó a Venezuela a bordo de su nuevo avión Flamingo, bautizado Río Caroni, junto a su mujer María. Habían invertido todos los ahorros que poseían en pos de una aventura que debía volverlos millonarios.

LA MESETA DORADA

Una vez establecidos en Venezuela, el piloto se dedicó a realizar un vuelo tras otro, procurando recordar y localizar el sitio del aterrizaje, ya que el tiempo había borrado de su memoria el lugar exacto.

Entraba ya en estado de desesperación cuando una mañana en que sobrevolaba, acompañado por un sargento técnico de apellido García, divisaron un gran salto de agua que, según calcularon, tendría unos mil metros de altura. O sea, el salto de agua más grande del mundo. El cerro desde el que brotaba el agua se llamaba Auyantepuy.

Regresaron de inmediato a la base, y James, sin perder tiempo, se comunicó con su amigo, el geólogo y topógrafo, Shorty Martin para informarle del hallazgo. A la sazón, el aviador sabía que por esos días su amigo trabajaba, precisamente, explorando esa zona.

Reunido con Martin, ambos decidieron trazar un mapa, para lo cual debían volver a sobrevolar la zona. Lo hicieron al día siguiente. Volando junto al borde superior del cerro, y valiéndose del altímetro, pudieron confirmar las estimaciones del piloto: el salto medía exactamente mil metros de altura.

Una semana más tarde, ambos hombres, James Angel y Shorty Martin, debatían junto a otro amigo, Gustavo Henry, la posible localización de El Dorado de la sabana venezolana, pero el tema del salto de agua salió en la conversación. Los tres decidieron llamarlo "Angel", en honor al piloto.

Sin embargo, El Dorado seguía siendo la obsesión de todos.

Con un nuevo integrante, Miguel Delgado, el grupo, en el que además viajaba María, decidió volar hacia el sur del cerro y aterrizar en una sabana en la que James solía hacerlo. Allí levantaron un campamento, y mientras Angel continuaba con los vuelos de reconocimiento, Henry y Delgado exploraban por tierra, incluso escalando la meseta del cerro en un par de oportunidades. Empero, no habían podido alcanzar en ninguna de ellas el terreno que el piloto creía reconocer, en virtud de dificultad para descender por un farallón de 1.200 pies de altura que divide la meseta.

Por fin, en la tercera oportunidad, Henry alcanzó el objetivo. La sabana, sin embargo, no parecía ser aquella en la que Angel aterrizara la primera vez. El suelo era blando y estaba recubierto de plantas. Era imposible que allí se hubieran asentado las ruedas de un avión sin hundirse hasta el fuselaje.

La expedición al cerro había durado quince días, y cuando Gustavo estuvo de regreso en el campamento, James le informó que tras un vuelo sobre la meseta, había tocado tierra un par de veces con las ruedas, comprobando que el terreno era firme y se podía aterrizar allí.

Henry procuró disuadirlo, de hacer el intento en forma inmediata. Le pidió que, al menos, le permitiese regresar a la meseta y demarcarle un territorio apropiado. Angel se negó terminantemente. Él era un experto, sabía lo que hacía y los recursos económicos se estaban acabando.

A la mañana siguiente, el 9 de octubre de 1937, con el avión totalmente ligero de carga (incluso se le dejó la gasolina imprescindible para ir y volver), la nave de James partió a las 11 y 20 horas, y quince minutos más tarde ya sobrevolaba la meseta buscando un lugar de aterrizaje.

Hallado el sitio, James alineó el avión sobre la improvisada pista, cortó motor, magnetos, y todos los *switchs* fueron pasados a *off*. Las ruedas tocaron tierra con suavidad, pero luego comenzaron a hundirse hasta que el tren delantero se clavó en el fango, el avión levantó la cola, y la trompa se hundió hasta el eje del motor.

Uno por uno fueron abandonando la nave que, afortunadamente, no se prendió fuego, y solo sufrió la rotura de una tubería del radiador de aceite y una abolladura en un ala. Nada de importancia. El problema residía, en cambio, en que el avión estaba enterrado hasta el fuselaje.

No había más posibilidades que comunicarse con la ciudad y solicitar rescate. Tampoco eso dio resultado. La batería de la radio del avión se agotó y debieron iniciar el descenso a pie.

James Angel murió en Panamá, en 1956, pasando a la historia por haber descubierto el salto de agua más alto del mundo. Pero, al igual que los conquistadores del siglo XV, jamás pudo dar con El Dorado tan deseado.

En imagen el avión de James Angel con el que el piloto intentó
encontrar El Dorado.

LOS SUEÑOS DEL CORONEL

Percy Harrison Fawcett es acaso una de las figuras más emble-
máticas del siglo XX, si de aventureros se trata. Sus diarios de viajes,
fotografías, filmaciones y anécdotas acicatearon la imaginación de
artistas como Conan Doyle, quien situó su libro *El mundo perdido* en
las mismas colinas que describe Fawcett, o a Steven Spielberg, cuyo
Indiana Jones no es otro que el expedicionario británico.

Este coronel retirado del ejército inglés fue luchador en la
India, explorador de las fronteras bolivianas y brasileñas, y funda-
dor de la Royal Geographical Society, de Londres. Una obsesión lo
acicateó permanentemente, aún antes de dejar el servicio activo: él
debería encontrar la legendaria Manoa, la ciudad perdida, El

Dorado que inyectó de sangre los ojos de tantos soñadores, codiciosos de tesoros o ambiciosos de gloria.

¿Dónde se ubicaba para Fawcett la mítica urbe orlada de oro macizo y solares resplandores? Estaba, según su firme convicción, en lo más profundo de la Sierra del Roncador, al oriente de la capital del Mato Grosso, Cuyabá, en una región no hollada por explorador alguno.

El coronel daba a esa mágica tierra un lacónico nombre: "Z". Pára él, era más que un reservorio de oro: era una latitud de eterno brillo, donde el "destello de luz jamás hallaba pausa ni término". No pocos teóricos del fenómeno extra-terrestre suscribirían sus palabras, pues él creía que allí había habitado una sociedad superior, una avanzada civilización.

En realidad, el sueño del coronel había nacido tras la lectura de un texto en la Biblioteca Nacional de Río de Janeiro, y ya no lo abandonaría jamás. El autor de tan revelador escrito era un sacerdote de apellido Barbosa, quien se había ocupado de narrar en detalle la expedición de Francisco Raposo, que tuviera lugar en 1743.

SE DICE QUE SE DICE

El mencionado sacerdote decía que Raposo se había topado en la espesura del Matto Grosso con una ciudad remota. Lo que en realidad buscaba el explorador eran las minas de Muribeca. El previsor Raposo no dudó en reportar su hallazgo mediante una carta remitida al virrey, Luis Peregrino de Carvalho. Pero este no le contestó, y el destino final dc rapso se perdería en el tiempo. Pero quedaba el testimonio del sacerdote, para alimentar las ansias de Fawcett.

El coronel leyó que Raposo había emprendido su aventura con dieciocho hombres, que había afrontado innumerables percances, y que por fin había llegado a una región montañosa, con aspecto de dientes de sierra. Sortearon las elevaciones, atravesaron un llano, al cabo del cual había tupida selva virgen. Y en ella se internaron.

Pero llegado a cierto punto, Raposo prefirió enviar en investigación a una partida de indios, más adaptados al medio y menos expuesto a sus rigores, o en todo caso, menos lamentables si algo les pasaba. Para su sorpresa, regresaron todos los indígenas, y lo hicieron relatando con asombro haber hallado una ciudad abandonada. Raposo no dudó un instante. Y al día siguiente, todos los exploradores pusieron pie entre aquellos muros.

Ante ellos se alzaba una enorme estructura. Eran tres arcos con losa. El arco central mostraba en lo alto unas inscripciones carcomidas por el tiempo, en una indescifrable lengua, extraña y de desconocido origen.

Vieron también una calle flanqueada por edificios de dos pisos. Sus sólidos bloques de piedra estaban perfectamente amalgamados, uno sobre otro, a pesar de no tener mezcla que los uniera. La calle iba a dar a una plaza, en medio de la cual vieron una enorme columna de piedra negra. Esta piedra obraba como basamento de una estatua con forma humana; un hombre con una mano descansando sobre la cadera, alzaba la otra en dirección al norte.

La plaza tenía obeliscos en sus vértices, y su oculto significado dejó pensativos a los hombres de Raposo.

Algo así como un enorme palacio se alzaba en uno de los lados de la plaza. En su entrada principal se veía la talla de una figura adolescente. Aquí las inscripciones eran similares a las de la antigua Grecia. Los expedicionarios avanzaban sumidos en el asombro.

Luego encontraron una suerte de monasterio con quince salas intercomunicadas. Por toda la ciudad se veían ruinas y grietas, como las que evidencian el paso de un terremoto. Entonces hallaron algo notable y seductor: una moneda de oro. Una cara exhibía el grabado de un joven de rodillas; en el reverso había un arco, una corona y un instrumento o herramienta de ignotas formas y utilidad.

Todo eso bastó para el remoto lector, y Fawcett, obsesionado, se dispuso a preparar su expedición. Tenía la firme convicción de que Raposo había hallado una ciudad desconocida y valiosa. Esta fe era sustentada, para él, por un regalo recibido en el norte de Chile: una simple figura de cerámica de unas diez pulgadas de altura. Una figura humana ostentaba una placa en el pecho, y la misma mostraba desconocidos caracteres. La cerámica era un obsequio de sir H. Rider Haggard, quien le había dicho que la pieza provenía de Brasil.

Como dijimos, Fawcett era más que un buscador de oro, y sostenía que esa estatuilla tenía el poder de trasmitir una energía positiva a quien la poseyera.

Solo bastaba con rozar una de las extremidades de la figura y una onda eléctrica se trasladaría a quien lo hiciera.

El coronel creía con firmeza que en un pasado remoto, en los albores del universo, la Tierra había sido habitada por gigantes. Estos habrían poseído unos conocimientos científicos y tecnológicos muy avanzados, y habrían creado una civilización más evolucionada que las posteriores. Sus teorías parecían, por arte de magia, confabularse con los datos que le llegaban, a los que por supuesto adaptaba a su criterio, de modo que confirmaran sus más arriesgadas intuiciones.

Así, por ejemplo, en 1907 Fawcett mantuvo una extensa conversación con un francés, capataz de una plantación de caucho. Esto es parte de lo que le dijo aquel hombre:

> ...Es así que mi propio hermano, viajando río arriba por el Tahuamanu , detuvo un día su lancha al oír decir que estaban en las inmediaciones de la tierra de los indios blancos. No le dio mucho

El coronel Percy Harrison Fawcett fue un
destacado arqueólogo y un explorador inglés.

crédito al asunto, aunque sí se asombró de la rareza del comentario. Pero poco después y sin que lo esperase, fueron, él y sus hombres, atacados por aquellos extraños seres. Se vieron rodeados por indios salvajes, pero de piel absolutamente blanca. Su pelo era rojo; sus ojos azules. Eran bien parecidos pero peleaban como si los habitara el mismo Diablo. Mi hermano logró matar a uno de ellos, y los otros recogieron el cuerpo inerte y desaparecieron. Si lo comenta con alguien, le dirán que tal cosa no existe. "Son mestizos", le dirán. Pero claro, ellos no los vieron. Si los hubieran visto, dirían otra cosa…

La mente del coronel era un polvorín, y todo lo que se le acercaba lo interpretaba como una chispa reveladora. En febrero de 1925, su travesía comenzaba.

LA FUERZA DE UNA OBSESIÓN

Percy Harrison Fawcett junto a su hijo, Jack, y un amigo de este, dejaron Río de Janeiro llevando en sus pupilas los soñados contornos de la ciudad perdida. Eran conscientes de los peligros a afrontar, de los riesgos desconocidos que los acecharían. Pero un fuego todopoderoso los animaba.

Fawcett que maba los puentes. Desde un remoto lugar llamado Puerto del Caballo Muerto le escribe a su mujer una última carta:

En el caso de que no regresáramos, expreso mi deseo de que no se arme ni se envíe partida alguna en pos de salvarnos. Habré en todo caso fracasado yo, y si con toda mi experiencia lo hiciera, poca esperanza de victoria les quedaría a los otros. Por tal motivo no preciso hacia dónde vamos con exactitud…

Y más adelante agrega:

> Ya sea que logremos llegar y volver a salir de la selva, o que esta nos
> trague y se pudran nuestras osamentas en ella, de una cosa no hay
> duda. La respuesta al misterio de la antigua América del Sud, la
> respuesta tal vez al enigma de todo el mundo prehistórico, saldrá a
> la luz cuando encontremos tales antiguas ciudades, para que se abran
> a la luz de la investigación científica, ya que, ¡estoy seguro, esas
> ciudades existen!

Como parte de uno de los finales anunciados, ni de Fawcett ni de sus acompañantes hubo regreso alguno. Pero hubo investigadores que, con paciencia, lograron rehacer su itinerario.

LOS PASOS PERDIDOS

La reconstrucción del viaje que lograron hacer algunos de los investigadores que se abocaron al caso dice que desde Cuyabá, los hombres llegaron a la región de los indios bacairis, un territorio en el que Fawcett había estado algunos años antes.

Conducida por los bacairis, la expedición alcanzó el río Culiseu abajo, en donde se encontró con la aldea de los Nafuquá, quienes a su vez los guiaron hasta el territorio de los indios kalapalo. Se dice que para ser guiados, el coronel le prometió a su guía, llamado Kabukuiri, regalarle unos collares que Fawcett llevaba consigo, pero que al enterarse, en la aldea nafuquá, que en la dirección que el coronel se proponía avanzar había indios muy hostiles, decidió ahorrar regalos y dejó a Kabukuiri sin el suyo.

El indio, ofendido y estafado, decidió matarlo.

Siempre de acuerdo con las reconstrucciones posteriores, se cree que cuando la expedición, avanzando por tierra, descendía por una barranca que llevaba hasta la laguna que era el siguiente objetivo, el indio, con ayuda de su hijo Kururi y de su yerno Kaloene, atacó a los ingleses y los mataron al golpes.

Lo cierto es que el misterio sigue aún sin develarse.

En 1927, o sea dos años después de que oficialmente se diera por desaparecidos al coronel y a sus acompañantes, Roger Courteville, un ingeniero francés, le aseguro a la prensa peruana haberse cruzado con Fawcett en Mina Gerais.

Ante la noticia, Bryan, el otro hijo del coronel que vivía en Londres, voló a Lima para entrevistarse con el francés. Allí, Courteville le contó que en una pequeña localidad de Mina se había encontrado con un anciano andrajoso y un poco loco que dijo llamarse Fawcett.

Al año siguiente, la agencia de noticias N.A.N.A, que había sufragado los gastos de la expedición, envió al coronel George Dyott para investigar la suerte de los desaparecidos.

Llegaron, como Fawcett, a la aldea Nafuquá, y el jefe de la tribu le mostró a Dyott una maleta metálica que debió de estar en poder de los expedicionarios, tanto como un collar en el que se leía perfectamente la marca del fabricante *Silver and Co.*, de Londres. El jefe indio contó que un blanco, con dos más jóvenes "que iban cojeando", habían pasado por allí y le habían dejado la maleta.

Dyott regresó sin más pruebas, pero una nueva versión comenzó a difundirse entre la prensa y quienes estaban detrás de develar el misterio: el coronel y sus acompañantes vivían con una tribu de indios salvajes que los tenían como ídolos; actuaban como reyes de la tribu, y, obviamente, estaban vivos. El misterio se agigantaba con el paso del tiempo y cada vez más gente procuraba develarlo.

Paralelamente, otra especulación crecía al ritmo del enigma: el coronel y sus acompañantes habían encontrado, efectivamente, la mitica ciudad y allí estaban sin poder regresar.

Imagen panorámica de las regiones más vírgenes del Mato Grosso. Como se puede ver el carácter selvático de la región, vuelve inhóspito al territorio.

En 1930, el periodista Albert de Winton organizó una nueva expedición que llegó hasta la aldea Kalapalo, el último lugar en que Fawcett había sido visto. Sin embargo, ni Winton ni sus acompañantes pudieron regresar con vida.

¿REYES O PRISIONEROS?

Dos años más tarde, un suizo de nombre Stefan Rattin regresó del Mato Grosso con la noticia de que el coronel había sido hecho prisionero por una tribu al norte del río Bombin. El suizo aseguró que el 16 de octubre de 1931 fue rodeado por un grupo de indios que lo trasladó al poblado en donde vivían. Allí, dijo Rattin, se encontró con un anciano de barba y pelo blanco y largo que parecia muy triste.

El anciano se aproximo a él, contó el suizo, en perfecto inglés le dijo:

> Soy el coronel inglés. Vaya al consulado inglés y pregunte por el mayor Pager, quien tiene una hacienda en Sao Paulo. Dígale que estoy prisionero aquí.

Luego, Fawcett le preguntó si tenía papel y lo llevó a su choza. Una vez allí le mostró cuatro tablas de madera en las que había hecho burdos diseños con una piedra afilada. Rattin los copió. Luego le dijo algo sobre su hijo que dormía y comenzó a llorar.

El suizo hizo una declaración oficial ante el cónsul general británico de Río de Janeiro, y luego regresó a buscar al coronel por su propia cuenta. Nunca más volvó de la selva, pero se sabe que, de camino, pasó por el rancho de Hermenegildo de Galván, quien había sido un gran amigo de Fawecett en Mato Grosso.

El 8 de julio de 1932, en una carta que le envió a la mujer del coronel, Galván confirmó la presencia de Rattin en su hacienda.

Pero al año siguiente, la historia iba a dar un salto decisivo.

Efectivamente, en 1933 partió otra expedición en busca de Fawcett y sus hombres. La dirigía Virgilo Pessione. Los nuevos exploradores llegaron otra vez a la aldea Nafaquá, y allí recogieron el relato de una india que confirmó la presencia durante muchos años de hombres blancos en la tribu de los aruvudus. Eran tres. Uno anciano, alto, de ojos azules, barbudo y calvo. Otro más joven, hijo del anciano, y un tercero de mayor edad.

El viejo, dijo la india, era el jefe de la tribu, y el hijo se había casado con la hija de otro jefe llamado Jernata. La pareja tenía un hijo varón, pequeño, de ojos azules y pelo rubio. Los tres, explicó la informante, eran muy apreciados en el seno de la tribu.

Cuando Pessione quiso saber por qué no escapaban, la india respondió que no tenían balas para sus armas, y que estaban rodeados de indios feroces como eran los suyás y los kayapós.

Por fin, algunos años después, una nueva expedición hizo hallazgos que parecían definitivos para aclarar el misterio. Los hermanos Vilas Boas llegaron al río Xingú y penetraron al Brasil central. Se detuvieron en la aldea de kalapalo y convivieron con los indios durante cinco años. Ganada la confianza de la tribu, los exploradores pidieron datos sobre Fawcett y su gente. Los indios, entonces, decidieron mostrarles el lugar en donde habían enterrado a los ingleses, asesinados por ellos.

Los exploradores desenterraron los huesos y los enviaron a Londres para que fueran analizados.

Pocas semanas después, y sin haber sido objeto de un examen minucioso, los huesos regresaron a Brasil con una nota breve que aseguraba que no pertenecían al coronel, ni a ninguno de sus dos acompañantes.

EL ÚLTIMO INTENTO

Muchos años después, Sydney Pozuelo, el jefe de una reserva Kalapalo en el Alto Río Xingú, le dijo a uno de los investigadores que andaba detrás de la historia del coronel:

> Esta fue la región en donde desapareció (…) este fue el río por donde anduvo navegando en canoa y por donde debió llegar hasta aquí. Incluso es el río en donde seguramente fueron echados los cadáveres de los dos compañeros de expedición. Según los indios de la época, el coronel era un tipo muy bravo, era un espíritu inglés en la selva. Perteneció o estaba ligado a algunas sectas del Tíbet. Él creía que había una ciudad subterránea, la ciudad zeta, en el Xingó o sus alrededores. Quería encontrar a toda costa. Al entrar en el territorio indígena hizo contacto con los indios y tuvo un incidente. Él traía mapas antiquísimos que anotaban esa ciudad en esta región. Traía consigo datos muy precisos. Todo lo llevaba coordinado: ríos y sus nombres, etc. En 1925, aquí donde estamos existía una aldea de indios kalapalo. Lo que llevó al fracaso fue no conocer a los indígenas y no saber tratarlos. Los indios kalapalo vivían aquí a orillas del río Kuluene y aquí fue donde lo mataron. Fawcett y sus compañeros vivieron aquí unos días, no mucho. Los indios kalapalo contaron a Orlando Vilas Boas cómo mataron a los expedicionarios en una barranca, con sus bordunas. Sin embargo el hijo de Fawcett no aceptó que los huesos hallados fuesen de su padre. Además, Orlando encontró aquí etiquetas, planos, maderas de las cajas que traían los expedicionarios.

Así, Sydney Pozuelo da por válida la versión de los hermanos Vilas Boas, pese a que los propios científicos ingleses negaron que los huesos fuesen, efectivamente, de los expedicionarios ingleses. Pero más adelante, el hombre habla respecto de la "ciudad perdida"

En la fotografía, Orlando Vilas Boas exhibe el supuesto cráneo de Percy Harrison Fawcett. Después, científicos ingleses dijeron que no pertenecía al coronel.

Sobre Mato Grosso hay muchas cosas aún en el misterio. Nosotros todavía no hemos podido recorrer muchas regiones que aún están cerradas totalmente y sabemos que en ellas viven indios que jamás han tenido contacto con la civilización y los que queremos atraer. Pero primero tenemos que consolidar nuestra posición aquí. Todo llegará con el tiempo. Sobre ciudades perdidas en la selva se habla muchas veces en las hogueras de los campamentos y en estas soledades se estimula mucho la fantasía. Pero no niego rotundamente la existencia de una ciudad perdida que la selva haya podido cubrir con el tiempo y que un buen día aparezca ante la sorpresa del mundo. Eso es algo que todo sertanista de esta región sabe que aún es posible.

La selva se reproduce con rapidez y en el pasado pudieron existir pueblos capaces de construir con piedras. Yo creo que puede que estremos cerca de una ciudad perdida y no lo sepa.

Siglos después de que el primer español se afiebrara con la ilusión de la ciudad perdida de oro (…) El dorado no aparecía.

Capítulo XVII

Entre la ambición y la utopía

Los hombres que llegaron a América, tras los pasos de la primera "quimera del oro", tanto como aquellos que buscaban tierras y poder, tuvieron nombre, apellido y una historia que los precedía.

Conocer sucintamente aquellas "señas de identidad" de algunos de esos hombres, servirá entonces para completar esta suerte de "fresco" de ese tiempo que pretendimos pintar. Un tiempo que, sin lugar a dudas, constituye unos de los mayores mojones en la historia de la humanidad. Dos elementos confluyen para hacer de esa época una bisagra histórica imposible de ignorar. El primero –indudable e indiscutible– es la conquista de, prácticamente, todo un continente por parte de la Corona española. El segundo –no menos importante– lo constituye esa suerte de epopeya, con frecuencia trágica, que estos hombres protagonizaron corriendo detrás de una leyenda.

CONQUISTADOR

Almagro, Diego de
Español (¿? - 1538)

Nació en Almagro, España, alrededor de 1475; la fecha no se conoce con exactitud. Marchó hacia América en 1514, con el propósito de formar parte en las expediciones al Darién. Diez años más tarde se une a Francisco Pizarro y Hernando de Luque para iniciar la exploración a las tierras del sur.

Cuando Pizarro decide emprender la conquista de Perú, Almagro se le suma con tropas desde Panamá. Una vez ejecutado Atahualpa por decisión de Pizarro, y repartido el oro de los incas, ambos inician la marcha hacia el Cusco con el fin de conquistarlo. Sin embargo, la voracidad sin límites de Pizarro acaba con un feroz enfrentamiento entre ambos jefes. Almagro fue fusilado.

Navegante y cosmógrafo

Behaim, Martín de
Aleman (1459 - 1507)

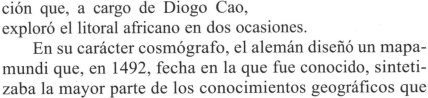

En su rol de marino se desempeñó al servicio de la Corona portuguesa, siendo parte de la expedición que, a cargo de Diogo Cao, exploró el litoral africano en dos ocasiones.

En su carácter cosmógrafo, el alemán diseñó un mapamundi que, en 1492, fecha en la que fue conocido, sintetizaba la mayor parte de los conocimientos geográficos que se tenía por entonces.

Conquistador

Belalcázar o de Benalcázar,
Sebastián de
Español (1480 - 1551)

Junto a Pizarro y Cortés, Belalcázar es parte del grupo de conquistadores más emblemáticos de todos cuantos llegaron a América. Su verdadero nombre era Sebastián Moyano, pero mutó su apellido por el de la ciudad cordobesa de Belalcázar, próxima a la localidad en la que había nacido.

Fue parte de la tripulación que acompañó a Colón en su tercer viaje al Nuevo Mundo, en 1524, e integró la expedición a Nicaragua, comandada por Francisco Hernández de Córdoba; luego de la conquista fue ungido alcalde de la ciudad de León. En 1527 renunció al cargo, viajó a Honduras y luego a Perú para unirse a las tropas de Francisco Pizarro que emprendían la conquista del Imperio Inca.

La causa de su muerte, acaecida el 30 de abril de 1551 en Cartagena de Indias, permanece envuelta en un halo de misterio pese a las numerosas investigaciones realizadas.

EXPLORADOR, CONQUISTADOR Y POLÍTICO

Espinosa, Gaspar de
Español (¿? - 1537)

Nació en el seno de una familia de banqueros entre (se especula) 1467 y 1477, y en 1513 fue elegido alcalde mayor de Castilla de Oro.

Luego, fue parte de la expedición de Pedrarias Dávila al Darién y se lo designó alcalde mayor de Santa María la Antigua. Conquistó parte de la actual Costa Rica. Condujo la expedición al litoral pacífico de América Central y descubrió el golfo de Nicoya. Luego de regresar algunos años a España retornó a América para unirse a Francisco Pizarro y Almagro en la conquista del Imperio Inca.

EXPLORADOR Y CRONISTA

Federmann, Nicolás
Alemán (1505 - 1542)

Con la misión de explorar territorio venezolano, encargada por los banqueros Welter, el alemán partió hacia Santo Domingo en 1529, y un año después comenzó la expedición siguiendo la línea del río Orinoco para llegar hasta las sierras andinas.

Retornó a Venezuela, luego de una breve estadía en Augsburgo, y fue nombrado gobernador (cargo que ocuparía hasta 1534). En ese ínterin escribió *Historia indiana*, una suerte de crónica de viajes en la que describe exageradamente las riquezas con las que se encontró.

Financiado una vez más por los banqueros alemanes, Federmann se lanzó a la búsqueda de El Dorado, para lo cual cruzó los llanos venezolanos y colombianos, y arribó a un territorio que ya había sido conquistado por Jiménez de Quesada. La suerte le era esquiva al teutón. Ya, en su viaje había debido dirimir el "patrimonio" del territorio chibcha con Sebastián de Belalcázar.

En 1539 arribó a Bogotá, en donde ya se hallaban los otros dos conquistadores. Decidieron entre los tres viajar a España y dirimir, allí, frente al rey sus controversias. El monarca le concedió a Belalcázar la gobernación de Popayán, a Jiménez de Quesada lo nombró mariscal del Nuevo Reino de Granada, en tanto Federmann se quedaba con las manos vacías.

Pleiteó también con los banqueros que habían financiado sus expediciones, y acabó muriendo en una prisión de Valladolid.

CACIQUE

Guatavita
Chibcha (¿?-¿?)

Poco y nada ha dejado la historia académica respecto de este personaje que, sin dudas, fue uno de los actores principalísimos en la leyenda de El Dorado, al punto en que se transformó en figura la que alimentó el mito.

Se dice que el cacique de los chibchas era un amante de los lujos, las fiestas y las diversiones, rodeándose de las mayores riquezas y placeres. Su residencia, en la que recibía a amigos, amantes y personalidades de la época, estaba decorada con oro, esmeraldas, y tapices muy finos. Allí, casi cotidianamente, se celebraban fiestas que rondaban lo orgiástico. Se cuenta, también, que tenía una personalidad tiránica y que le imponía a sus súbditos altísimos impuestos para solventar lujurias y placeres.

CONQUISTADOR Y CRONISTA

Guzmán, Ruy Díaz de
Paraguayo (1558 - 1624)

Ruy Díaz de Guzmán cuenta con el blasón de haber sido el primer historiador mestizo de la Cuenca del Plata. Su obra, *La Argentina*, escrita hacia 1612 y titulada por él *Los anales del descubrimiento, población y conquistas de las provincias del Río de la Plata*, es un texto absolutamente fundamental para conocer buena parte de la historia del Río de la Plata.

Díaz de Guzmán también combatió, en 1589, en territorios santafecinos.

CONQUISTADOR Y NAVEGANTE

Heredia, Pedro de
Español (¿? - 1554)

Tras la muerte de Rodrigo Bástidas, Heredia llega a La Española en 1527 para tomar posesión del cargo de gobernador. Función que luego dejará en manos de García de Lerma para regresar a España y requerir el permiso correspondiente que le permitiese explorar el territorio que se extiende entre el río Magdalena y el golfo de Urabá. Pesaba sobre él un juicio de residencia por su actuación como gobernante.

Con la autorización obtenida, Heredia zarpa del puerto de Cádiz con rumbo al norte colombiano y funda la emblemática ciudad de Cartagena de Indias. En 1639 es absuelto de los cargos que pesaban en su contra, con lo que vuelve a ocupar el cargo de gobernador. Murió ahogado en 1554, en las costas de Cádiz.

EXPLORAR Y CRONISTA

Hutten, Felipe de
Alemán (1517 - 1546)

Hutten fue otro de los exploradores que estuvieron al servicio de la poderosa familia Welter. Llegó a Venezuela como integrante de la expedición que comandaba Jorge de Spira en 1534, quien también, a su vez, recorría territorios venezolanos financiado por los banqueros alemanes, dueños de una autorización concedida por el rey de España.

También junto a Jorge Spira, Hutten parte en busca de El Dorado, en una expedición que se extenderá entre 1535 y 1538. Habían salido de Santa Ana de Coro con 490 hombres de los cuales solo regresaron 150.

En 1544 fue nombrado gobernador de Venezuela, y un año después funda la ciudad de El Tocuyo. Muere al año siguiente, en medio de una batalla librada por una disputa territorial.

MISIONERO JESUITA, ETNÓ-
GRAFO E HISTORIADOR

Lozano, Pedro
Español (1697 - 1752)

Nació en Madrid en 1697, y con apenas 17 años de edad marchó hacia el Nuevo Mundo para integrarse a las misiones que los jesuitas tenían en Paraguay. Historiador agudo, Lozano es autor de diversas obras en las que aborda aspectos históricos y geográficos de la región en la que predicó.

Sin dudas, su libro más importante es *Descripción chorographica del Gran Chaco*, un material que, ilustrado por el padre Machón, abunda en precisiones etnográficas sobre los pueblos nativos del Gran Chaco. El estudio de las tierras, la fauna y las plantas, en especial las medicinales, vuelven a la obra de Lozano un trabajo fundamental para su tiempo.

NAVEGANTE Y EXPLORADOR

Mandeville, John of
Belga (? - 1372)

Inquieto, curioso y expresivo, Mandeville dejó constancia de una vida sin resuello en su obra *Libro de las maravillas del mundo*. Allí, el explorador belga narra las peripecias por las que pasó a lo largo de treinta y cuatro años, durante los cuales recorrió parte de Asia, de China y de Egipto. Su trabajo aportó a los europeos de su época una noción mucho más acabada de la realidad de aquellas lejanas tierras.

MILITAR Y EXPLORADOR

Ordás, Diego de
Español (1480 - 1532)

Reconocido por su valentía y atrevimiento militar, pese a su juventud, Ordás participó en las primeras exploraciones a Panamá y Colombia. Fue uno de los oficiales de Diego de Velázquez, e integró las tropas de Hernán Cortés durante la campaña de la conquista de México. Allí, en tierras mexicanas, participó como capitán del ejército español en la conquista de la Gran Tenochtitlán y también en la llamada "Noche triste", cuando los aztecas le infringieron una dura derrota al ejército conquistador.

En 1529, en España, obtuvo la autorización para emprender una expedición hacia El Dorado. Descubrió, navegó y exploró el río Orinoco pero, por supuesto, jamás dio con las legendarias tierras buscadas. Murió en 1532, en Venezuela, sin poder retornar a España.

SOLDADO Y EXPLORADOR

Orellana, Francisco de
Español (1511 - 1546)

Sin lugar a dudas, los mayores logros de Orellana fueron el descubrimiento de la selva amazónica y el haber sido el primer español que navegó el enorme río que la atravieza.

Familiar de Pizarro, lo acompañó en la conquista del Perú y combatió a su lado en varias de las expediciones realizadas por el extremeño. Fue gobernador de la provincia de Culata, en Ecuador, y reconstruyó Santiago de Guayaquil.

Atacado por los indios caribes cuando intentaba alcanzar el brazo principal del río Amazonas, muerió en noviembre de 1546, víctima del veneno de las flechas que lo habían alcanzado.

CONQUISTADOR Y NAVEGANTE

Pizarro Alonso, Gonzalo
Español (1506 - 1548)

Hermano de Francisco Pizarro y comandante de las tropas de este, Gonzalo fue ungido gobernador de Quito, en retribución por encabezar la defensa de Cusco, cuando la ciudad fue sitiada por el inca Manco Cápac. Conquistó Charcas (hoy Sucre) y combatió contra Diego Almagro, por entonces enfrentado con Francisco Pizarro.

Luego de la desastrosa expedición, iniciada en 1540 en busca de El Dorado, regresó a Quito, dos años más tarde y desde allí pasó a Charcas convirtiéndose en un acaudalado encomendero. Sin embargo, en el momento en que el virrey de Perú, Blasco Núñez Vela, comenzó a aplicar Las Leyes de Indias para proteger de los abusos a los aborígenes, los españoles se sublevaron, eligieron a Gonzalo como líder y derrocaron al virrey, quedando el extremeño como máxima autoridad.

Un año más tarde, la Corona envió a Pedro de la Gasca como "pacificador del Perú". El nuevo líder perdonó a los sublevados, derogó las Leyes de Indias, y, luego de derrotarlo militarmente, ejecutó a Gonzalo.

EXPLORADOR Y CONQUISTADOR

Quesada y Rivera, Gonzalo
Jiménez de
Español (1509 - 1579)

Abogado de profesión, jefe de justicia en la colonia de Santa Marta, en 1535, y comisionado un año más tarde para comandar la expedición que debía explorar el sur de Colombia, Jiménez de Quesada fue, acaso, uno de los conquistadores que mayor cantidad de riquezas (esmeraldas y oro) obtuvo a lo largo de su incursión por el Nuevo Mundo. Sin embargo, sus desatinos como explorador casi lo llevan a la quiebra.

En 1568 emprendió la utópica tarea de hallar y conquistar el legendario territorio de El Dorado. Se encaminó hacia San Juan de los Llanos, al oriente de los andes colombianos, marchando durante dos años. La expedición acabó en un desastre, con cuantiosas pérdidas materiales y humanas.

Derrotado y al borde de la quiebra, Jiménez de Quesada regresó a España, para trasladarse luego a Colombia, en donde murió de lepra en 1579.

SACERDOTE Y CRONISTA

Simón, Pedro
Español (1574 - 1628)

Franciscano, nacido en San Lorenzo de la Parrilla, en Cuenca, fray Pedro Simón es acaso el primer historiador que da cuenta precisa de los procesos de conquista y colonización de Venezuela y Colombia.

Enviado, por su orden, al Nuevo Reino de Granada en 1604, con el propósito de estudiar y dejar registros respecto de la provincia Franciscana, Simón se convirtió en un cronista fundamental para comprender la historia de aquellos territorios. Su obra *Noticias historiales de las conquistas de Tierra Firme en las Indias Occidentales*, conocida también como *Primeras Noticias* resulta del todo original por el tipo de estructura que le dio el fraile.

Cronología

Descubrimientos y quimeras

1492-1493	Primer viaje a Cristóbal Colón a América, descubre Cuba y Haití (La Española).
1493-1495	Segundo viaje de Colón, avista Puerto Rico y Jamaica.
1494	Tratado de Tordesillas.
1496	Los españoles fundan Santo Domingo en la isla La Española (Haití). Viaje de John Cabot o Caboto a América del Norte, por cuenta de Inglaterra.
1497-1498	Viaje de Vasco de Gama a la India por vía marítima.

1497	Viaje de John Cabot o Caboto a Terranova, por cuenta de Inglaterra.
1498	Tercera expedición de John Cabot a América. Muere en este viaje.
1498-1500	Tercer viaje de Colón, descubre la costa de América del Sur (Venezuela).
1499	Vicente Yañez Pinzón reconoce la costa de las Guyanas y del Brasil, hasta la desembocadura del Amazonas. Alonzo de Ojeda y Juan de la Cosa (con Américo Vespucci) reconocen la costa de Venezuela, para la Corona española.
1500-1502	Viaje de Álvarez Cabral a la India, en el transcurso se desvía y toma posesión del Brasil en nombre de Portugal.
1500	El portugués Gaspar Corte Real parte descubriendo Terranova.
1501	Gaspar Corte Real parte en segundo viaje, recorre las costas de Terranova, Labrador y posiblemente Groenlandia.
1501-1502	Rodrigo de Bastidas reconoce la costa del Darién (istmo de Panamá) hasta el norte de Brasil.
1501-1502	Expedición de Portugal con Américo Vespucci por la costa brasileña y el Atlántico sur.

1502	Miguel Corte Real parte en busca de su hermano Gaspar hacia América.
1502-1504	Cuarto viaje de Colón, explora el litoral de América Central.
1502	Segundo viaje de Vasco de Gama a la India.
1503	Otra expedición parte en busca de los hermanos Corte Real, pero no los encuentra.
1508	Sebastián de Ocampo realiza la primera circunnavegación de Cuba. Juan Ponce de León coloniza Puerto Rico.
1508-1509	Juan Díaz de Solís y Vicente Yañez Pinzón recorren las costas de Guatemala, Honduras y Yucatán en busca de un estrecho.
1509	Thomas Aubert realiza la primera expedición francesa a América, llega a la desembocadura del río San Lorenzo (Norteamérica). Juan de Esquibel conquista Jamaica. Diego Álvarez funda Puerto Seguro en Brasil, primer asentamiento portugués en América.
1511	Conquista y pacificación de la isla de Cuba.
1513	El español Balboa cruza a pie el istmo de Panamá y descubre el océano Pacífico. Ponce de León descubre la península de La Florida.

1515-1516	Expediciones de Juan Díaz de Solís a Sudamérica, descubre el Río de la Plata.
1517	Francisco Hernández de Córdoba explora Yucatán.
1518	Juan de Grijalba, desde Cuba, explora la costa mexicana. Hernán Cortés parte desde Cuba para conquistar México.
1519-1522	Expedición de Magallanes, circunnavega el globo.
1519	Expedición del español Álvarez de Pineda por el golfo de México. Fundación de la ciudad de Panamá en la costa del Pacífico. Se funda la ciudad de La Habana en la isla de Cuba.
1522	El español Pascual de Andagoya explora las costas del Pacífico hacia el sur llegando hasta Colombia. Exploración que continuarían la sociedad formada por Francisco Pizarro, Diego de Almagro y el presbítero Hernando de Luque, en 1525. González Dávila conquista Nicaragua.
1523	México es conquistado por Cortés y sus hombres. Expedición española de A. Niño y G. González Dávila por la costa pacífica de Costa Rica y Nicaragua. Fundación de la ciudad de Colima en la costa oeste de México.

1524-1528	Viajes de Giovani de Varrazano, bajo bandera francesa, explora las costas desde La Florida hasta las futuras Nueva Inglaterra y Nueva Escocia y la desembocadura del río Hudson.
1524	Expedición del español Hernández de Córdoba por América Central.
1524-1526	Pedro Alvarado recorre parte de México y Guatemala.
1525	Alejo García (sobreviviente de la expedición de Solís) explora el corazón de Sudamérica. Fundación de Santa Marta de Colombia, primera ciudad fundada en tierra firme. Estebao Gómez explora para España la costa Atlántica entre Terranova y Florida.
1525-1526	Expedición de Sebastián Caboto originariamente a las islas Molucas en Asia, pero se queda en América del Sur, Río de la Plata y río Panamá,
1525-1527	Expedición española al mando de Frey García Jofre de Loaisa a islas Molucas.
1526	Expedición del español Diego Díaz a América del Sur, Río de la Plata y río Paraná.
1526	Vázquez de Ayllon recorre la costa Atlántica de Norteamérica, para España.
1526-1529	Álvaro Saavedra Cerón partió desde México hacia isla Tidore (Molucas).
1527-1536	Expedición de Núñez Cabeza de Vaca por el sur de América del Norte.

1529	Se funda la ciudad de Maracaibo en el estrecho entre el golfo de Venezuela y la laguna de Maracaibo.
1529-1546	Expediciones alemanas al norte de Sudamérica.
1530-1533	Expedición del español Nuño Guzmán que parte de México y llega a la altura de la actual San Diego.
1530-1532	El portugués M. A. de Souza va por la costa brasileña hasta el Río de la Plata.
1530	Se funda la ciudad de Bahía en la costa de Brasil.
1531	Ordas reconoce el Orinoco. El alemán Federman alcanza los llanos del Orinoco en Venezuela. Pizarro parte de Panamá con tres naves a la conquista del Perú.
1532	Pizarro conquista el Imperio Inca. El piloto Fortun Jiménez descubre y recorre California.
1533	Se funda la ciudad de Cartagena de Indias en Colombia.
1533-1534	Expedición del español A. de Herrera por el río Orinoco.
1533-1538	El español Benalcazar parte hacia Quito (1534) y de aquí a Popayan (1536) y luego a Santa Fe de Bogotá (1538).

1534-1535	Expedición del español Alcazaba a la Patagonia y estrecho de Magallanes.
1534-1538	Expedición del alemán G. Hohermuth von Speyer por Venezuela y Colombia.
1536	Expedición del primer adelantado del Río de la Plata Pedro de Mendoza a su territorio. Funda el puerto de Buenos Aires. La expedición de Diego de Almagro se dirige a Chile y noreste argentino desde Perú. Fundación de la ciudad de Valparaíso en la costa de Chile.
1536-1538	Expedición de Quesada por Colombia y Venezuela. Funda Bogotá.
1537-1538	El alemán Federman se interna en Colombia hasta Bogotá.
1537	Juan de Ayolas recorre el noreste de Argentina y parte de Paraguay por los ríos Paraná y Paraguay. Fundación de la ciudad de El Callao en el Perú.
1538-1541	Hernando de Soto emprende una expedición que recorre a pie desde La Florida hasta la desembocadura del río Mississippi.
1539	Fray Marcos de Niza sale en busca del las famosas Siete Ciudades de Cíbola, explorando las regiones de Arizona y Nuevo México.

1539-1541	Expedición del obispo de Placencia por la Patagonia y América austral.
1539-1542	Expedición de Gonzalo de Pizarro y Francisco de Orellana desde Quito hasta la desembocadura del Amazonas.
1540	Se inicia la presencia de piratas extranjeros en el Caribe. Comienza la ocupación efectiva de Chile por Pedro de Valdivia. Viaje de A. de Camargo por estrecho de Magallanes a la ciudad de Callao (f.1537). Fundación de la ciudad de Arequipa en la costa sur de Perú.
1540-1541	Álvar Núñez Cabeza de Vaca cruza la selva desde Santa Catalina (Brasil) hasta Asunción (Paraguay), y en el camino descubre las cataratas de Iguazú.
1540-41	Expediciones de Francisco de Coronado por el sudoeste de EE.UU. García López de Cárdenas descubre el cañón del Colorado en EE.UU.
1541	Pedro de Valdivia funda Santiago de Chile.
1541-1546	Expedición del alemán Ph. Von Hutten por Venezuela y Colombia.
1543	Diego de Rojas y Francisco de Mendoza bajando desde Cusco, se interna en Tucumán (Argentina) y atraviesan el territorio de noroeste a sudeste.

1544	Ñuflo de Chávez remonta el Pilcomayo (Frontera entre Paraguay y Argentina). Expedición de Juan Bautista Pastene por las costas de Chile.
1546	Francisco de Mendoza y Nicolás de Vedia costean los ríos Tercero y Carcaraña en la provincia de Córdoba en Argentina.
1547	Expedición de Irala por Paraguay y Bolivia.
1550	Juan Núñez de Prado entra a Tucumán desde Perú y funda la población El Barco.
1557-1559	Expedición de Fernández Ladrillero por América austral.
1557	Los portugueses fundan Macao en China.
1560-1561	Expedición de Lope de Aguirre por el Amazonas.
1565	Se funda la ciudad de Río de Janeiro en la costa brasileña.
1567	M. Ruiz de Gamboa conquista y coloniza la isla de Chiloe (sur de Chile). Expedición del español Mendaña de Lima (Perú) hasta las Islas Salomón (las cuales descubre).
1573-1580	Expedición fundadora de Juan de Garay, funda Santa Fe en 1573 y Buenos Aires en 1580.
1574	Juan Fernández descubre las islas que llevan su nombre al oeste de Chile.
1577-1580	Expedición de Francis Drake alrededor del mundo.

1579-1580	Viaje de Sarmiento de Gamboa del Callao (en Perú) a España por el estrecho de Magallanes.
1580	Juan de Garay parte de Buenos Aires y, en dos meses, recorre las zonas del Tuyú, Tordillo y Kakel Huincul, llegando hasta cabo Corrientes (provincia de Buenos Aires).
1580-1640	España y Portugal se unen en un mismo imperio
1581-1585	Expedición de Sarmiento de Gamboa al estrecho de Magallanes.
1584	Greenville funda de la primera colonia inglesa en América: Roanoke en Virginia.
1585	Los holandeses comienzan a establecerse en las Indias Orientales.
1586-1588	Expedición del inglés Thomas Cavendish alrededor del mundo.
1590	Expedición de Andrews Merrick por las costas del Atlántico sur.
1591	Thomas Cavendish explora el Atlántico sur y funda Puerto Deseado. Un desertor de su flota, John Davis, explora también el Atlántico sur avistando unas islas que podrían ser las Malvinas.

1592	Juan de Fuca llega al estrecho de Vancouver.
1593-1594	Expedición del corsario inglés Hawkins por las costas de la América Atlántica y Pacífico sur.
1595	Walter Raleight explora el valle del río Orinoco. Expedición de Mendaña por Oceanía. Desde Lima, descubre las islas Marquesas.
1598-1600	Expedición del flamenco Simón Cordes alrededor del mundo. Una de sus naves regresa por el Atlántico al mando de Sevald de Weert y avistan el archipiélago malvinense.
1598-1601	Expedición del flamenco Oliver Van Noord alrededor del mundo.
1599-1608	Viaje del monje español Diego de Ocaña por América del Sur.
1601	Expedición española en busca de las Siete Ciudades del Cíbola, que recorre el actual estado de Kansas, en EE.UU.
1604	Expedición de Hernandarias a la Patagonia, tal vez hasta las márgenes del río Negro o el Santa Cruz.

1606	El español Luis Váez de Torres descubre el estrecho entre Nueva Guinea y Australia. Viaje de Fernández Quiros de Lima (Perú) hasta las islas Nuevas Hébridas.
1615-1617	Jacobo Le Maire y G. Schouten dan la vuelta al mundo, descubren el cabo de Hornos y la isla de los Estados (frente a Tierra del Fuego).
1621	Se funda la Compañía Holandesa de las Indias Occidentales.
1622	Carlos Diego Ramírez penetra en el territorio de los indios chunchos (Perú), haciéndose pasar por descendiente de los incas.
1633	Pedro Texeiras llega hasta el alto Marañon y Quito desde territorio portugués.
1635	Los ingleses se apoderan de las Islas Vírgenes en el caribe. Los franceses se apoderan de las Antillas menores de Martinica y Guadalupe.
1636	Los holandeses conquistan Pernambuco, Itamaracó, Río Grande y Paraiba en el Brasil.
1680	Fundación de la Colonia de Sacramento por los portugueses en la margen oriental del Río de la Plata.

1680-1682	Expedición bucanera al mando de B. Sharp. Sale de Port Moran en la costa pacífica de Panamá, hasta las islas Barbados. Cruzan el estrecho de Magallanes.
1686-1687	Los capitanes españoles Rivas e Iriarte exploran toda la costa del golfo de México hasta La Florida en busca de asentamientos franceses.
1687	Derrota de la flota española por la holandesa, que de este modo adquiere el control del Caribe.
1689	Alonzo de León explora parte de Texas (sur de EEUU) y funda misiones.
1721	Los jesuitas exploran el río Pilcomayo frontera entre Paraguay y Argentina.
1721-1723	Viaje del holandés Jacobo Roggeween alrededor del mundo, descubre la isla de Pascua (1722).
1724	Se inicia la construcción del puerto de Montevideo, en la orilla oriental del Río de la Plata. Se funda en 1726.
1739	La Corona española suprime el sistema de flotas que había estado funcionando desde el siglo XVI. La práctica comercial se realiza desde esta fecha a través de los navíos de registro.
1745-1746	Los jesuitas emprenden una expedición científica a las costas de la Patagonia al mando del jesuita José Quiroga Méndez.

1753-1763	Una expedición portuguesa parte en este año en busca de las minas perdidas de Muribeca a cientos de kilometros de la costa del Brasil.
1764	Los franceses se establecen en las islas Malvinas, las devolverán en 1766.
1764-1766	Viaje de lord John Byron alrededor del mundo.
1766	Los ingleses ocupan la isla Malvina Oeste, en el sur de Argentina (serán expulsados en 1771 y vuelven pero la abandonan en 1773).
1767	Los españoles fundan Puerto Soledad en la isla Malvina Oriental.
1787-1803	Expedición científica de la Corona española a Nueva España (México).
1789-1794	Una expedición científica de la Corona española al mando de Alejandro Malaespina recorre las costas de América, islas del Pacífico, Nueva Zelanda y Australia.
1799-1804	Expedición de los dos científicos Friedrich von Humboldt y Aimée Bompland por América.

Conclusiones

El Dorado, como los otros territorios y personajes prodigiosos que acompañaron su fantástico derrotero, no tuvo, en sus causas y efectos, mayor importancia que la de otros mitos y leyendas que lo rodearon.

Sin embargo, la posibilidad de brindarle al hombre una felicidad más allá de lo tangible, de hacerlo movilizarse en lo desconocido persiguiendo un sueño improbable, se puede percibir en el verdadero valor de su existencia.

La verdadera riqueza de El Dorado no estuvo en aquello que se halló o no, sino en la propia búsqueda. De Lope de Aguirre a Álvar Núñez, de Magallanes a Caboto, lo que se buscaba era el oro, sí, pero para reescribir el mundo desde sus mitos.

Reescribir el mundo.

Redescubrir y reinventar el viaje. Este es el proyecto que justifica todo exceso.

En el límite del deseo siempre postergado por llegar a una "terra incógnita" cuyos espacios se estrechan hasta diluirse en un saber común, lo desconocido es reemplazado por una intriga que poco a poco se apodera del viaje.

En cuanto a su dimensión como relato, no se verá tan motivado por la necesidad de transmitir lo nuevo, de testimoniar un hallazgo, como de restaurar el lugar del enigma, el perfume de lo exótico, el misterio, lo insólito.

En síntesis, al dotar al mundo conocido de una visión renovada, también se está hablando de una transformación íntima, personal e intransferible, única fuente de emoción y sentido.

Bibliografía

Acosta, Joseph de "Historia natural y moral de las Indias". Madrid, Atlas, 1954.

Anglería, Pedro Mártir de "Décadas del Nuevo Mundo". Trad. del latín del Dr. Agustín Millares Carlo. México, 1964.

Bandelier, A. F. A.: "The Gilded Man, Eldorado". New York, 1893.

Baudin, Nicolas: "Mon voyage aux terres australes: journal personnel du commandant Baudin", texto de Jacqueline Bonnemains. Paris, Imprimerie nationale, 2000.

Bauer, Brian S.: "Ritual and Pilgrimage in the Ancient Andes: The Islands of the Sun and the Moon". Austin, Univ of Texas Press, 2001.

Bayle, Constantino; "El Dorado Fantasma". Madrid:, Publicaciones del Consejo de Hispanidad, 1943.

Bayo Ciro: "Los Césares de la Patagonia". Madrid, Imprenta de Juan Pueyo, 1913. Madrid, Fundación José Antonio de Castro, 2006.

Biedma, Juan M.: "Crónica Histórica del Lago Nahuel Huapi". Buenos Aires, Ediciones Emecé, 1987.

Bingham, Hiram: "La fabuleuse découverte de la Cité Perdue des Incas. La découverte de Machu Picchu". París, Ed. Pygmalion/Gérard Watelet, 1990.

Blashford - Snell, John, Snailhaim, Richard: "East to the Amazon: In Search of Great Paititi and the Trade Routes of the Ancients". London, 2004.

Braun Mendéz, Armando: "Pequeña Historia Magallánica". Buenos Aires, Editorial Francisco de Aguirre, 1969.

Bueno, Fernando Aparicio: "En busca del misterio de Paititi". Cusco, Editorial Andina S.R. Ltda, 1985.

Cabello Balboa, Miguel de: "Historia del Perú". París, Edición de Ternaux Compans, 1840.

Carrillo, Francisco: "Cronistas que describen la colonia". Lima, Editorial Horizonte, 1990.

Casas, Bartolomé de las: "Brevísima relación de la destrucción de las Indias". Madrid, Cátedra, [1552], 1987.

Cieza de León, Pedro: "La crónica del Perú". Edición de Manuel Ballesteros Gaibrois. Madrid, Historia 16, 1984.

Colón, Cristóbal: "Los cuatro viajes. Testamentos". Madrid, Alianza, 1997.

Córdoca y Salinas, Diego de: "Coronica de la Religiossisima Provincia de los Doze Apostoles del Peru. De la Orden de nuestro Serafico P. S. Francisco de la Regular Observancia; con relacion de las Provincias que della an salido, y son sus hijas". Washington, D. C., Academy of American Franciscan History, [1651] 1957.

Cronau, Rodolfo: "Historia de su descubrimiento desde los tiempos primitivos hasta los más modernos". Barcelona, Montaner y Simon, 1982.

De Angelis, Pedro: "Derroteros y viages à la Ciudad Encantada, ó de los Césares.Que se creia existiese en la Cordillera, al sud de Valdivia". Buenos Aires, Imprenta del Estado, 1836-7.

Colección de Obras y Documentos relativos a la Historia Antigua y Moderna del Río de la Plata. Buenos Aires, Imprenta del Estado, 1836-7, 6 Vols.

Domínguez, Manuel: "El alma de la raza". Asunción, Cándido Zamphirópolos, 1918

"La Sierra de la Plata". Asunción: Kraus, 1904.

Durand, José: "La transformación social del conquistador". México, Porrúa y Obregón, 1953.

Fernández de Enciso, Martín: "Suma de Geografía". Introducción de José Ibáñez Cerdá, Colección Joyas Bibliográficas. Madrid: Ed. de Estades, 1948.

Freyle, Juan Rodríguez: "El Carnero: Conquista y descubrimiento del Nuevo Reino de Granada". Bogota, Ediciones Colombia, 1926. Caracas: Fundación Biblioteca Ayacucho, 1979.

Gandía, Enrique de: "La ciudad encantada de los Césares". Buenos Aires, Centro Difusor del Libro, 1933.

Garcilaso de la Vega, Inca: "Comentarios reales de los Incas". Buenos Aires, Emecé, 1952.

Garnier, Edouard: "Enanos y gigantes". Barcelona, Biblioteca de Maravillas, 1886.

Guevara, S. J.: "Historia del Paraguay, Río de la Plata y Tucumán". Buenos Aires, Plus Ultra, 1969.

Guzmán, Ruy Díaz de: "La Argentina". Madrid, Historia 16, 1986.

Hakluyt, Richard: "Voyage to Guaiana performed and written in the yeare 1596 (en el tomo X de The principal Navigations and Discoveries of the English Nation.)" Glasgow, 1903-1905.

Herrera y Tordesellas, Antonio: "Décadas de Indias, o Historia general de los hechos de los castellanos en las islas y tierra firme del mar Océano". Madrid, 1726. Barcelona, F.T.D., 1925

Jerez, Francisco de: "Verdadera relación de la conquista del Perú y del Cusco". Lima, Editores Técnicos Asociados, ETA, 1968.

Jiménez de la Espada, Marcos: "Viaje segundo de Orellana por el río Amazonas". Alicante, Biblioteca Virtual Miguel de Cervantes, 2006.

Kauffmann Doig, Federico: "Manual de Arqueología Peruana". Lima, Editorial Peisa, 1983.

Latcham, Ricardo E.: "La leyenda de los Césares". Santiago de Chile, Revista Chilena de Historia y Geografía, 1929.

López de Gomora, Francisco: "Historia general de las Indias". Madrid, Linkgua, 2004.

Maurtua, Víctor: "Juicio de límites entre el Perú y Bolivia, prueba peruana". Buenos Aires, Impr., Lit. y Encuadernación de G. Kraft, 1906.

Meish, Lynn: "A Traveler's Guide to El Dorado and the Inca Empire". New York, Viking Penguin Inc., 1977.

Montesinos, Fernando de: "Memorias antiguas historiales y políticas del Perú". Cusco, Revista del Museo e Instituto Arqueológico, 1957

Neuenschwander Landa, Carlos. "Paititi". Arequipa, 1990.

Nicholl, Charles: "The Creature in the Map: A Journey to El Dorado". London, Utopian Studies, 1997.

Nordenskiold, Erland. "Modifications in Indian Culture through Inventions and Loans". Göteborg, Elanders Boktryckeri Aktiebolag, 1930.

Núñez Cabeza de Vaca, Álvar: "Naufragios". Madrid, Castalia, 1992.

Ortega, Eugenio: "Historia general de los Chibchas". Bogotá,1891.

Payró, Roberto J.: "Las ciudades quiméricas". Buenos Aires, Revista Nosotros, Núm. 218, 1914.

Pigafetta, Antonio: "Primer Viaje en torno al Globo". Buenos Aires, Editorial Francisco de Aguirre, 1970. Traducción de José Toribio Medina.

"La primera vuelta al mundo". Edición de Diego Bigongiari. Buenos Aires: Editorial Ameghino, 1999.

Pineda Yañez, Rafael: "La isla y Colón". Buenos Aires, Emecé, 1955.

Prescott, William H.: "Historia de la conquista del Perú". Boston, 1857. Madrid: Visor, 2006.

Restrepo, Esteban: "Ensayo etnográfico y arqueológico de la provincia de los Quimbayas, en el Nuevo Reino de Granada". Bogotá, 1892.

Rothlisberger, Ernest: El Dorado". Reise und Kulturdilder aus den sudamerikanischen Columbien. Berna, 1898.

Sanabria Fernández, Fernando: "En busca de El Dorado". La Paz, Fundación Ramón D. Gutiérrez, 1971.

Sarmiento de Gamboa, Pedro: "Viajes al Estrecho de Magallanes". Buenos Aires, Emecé, 1954.

Schmidl, Ulrico: "Viaje al Río de la Plata". Buenos Aires, Emecé, 1942.

Van Heuvel, Jakob Adrian: "El Dorado; being a narrative of the circunstances wich gave rise to reports in the sixtheenth century of the existence of a rich and splendid city in South America, including a defence of Sir Walter Raleigh in regard to the relations made by respecting it and a nation of female warriors". New York, 1844.

Vargas, Victor A.: "El Païtiti no existe". Cusco, Universidad Nacional San Antonio Abad, 1992.

Von Hagen, Víctor: "The Golden Man: A Quest for Eldorado". London, Saxon House, 1974.

Wood, Michael: "Conquistadores". London, BBC Books, 2000.

Zárate, Agustín de: "Historia del descubrimiento y de la conquista del Perú" Edición de Ribadeneira. Madrid, Biblioteca de autores españoles. Historiadores primitivos de Indias, 1858-1862.

OTROS TÍTULOS

Antonio Las Heras

LA TRAMA
COLÓN

Las claves de la verdadera historia del Gran Almirante
y el descubrimiento del Nuevo Mundo.

LA TRAMA COLÓN

El hallazgo de documentos escamoteados sistemáticamente, hasta ahora por la historia oficial, no hace más que sumar nuevas preguntas respecto de los sucesos que desembocaron en la "aparición" del nuevo continente y del verdadero rol del "Gran Almirante".

Parece obvio que ni Colón desconocía la ruta que habría de emprender, ni los Reyes Católicos ignoraban la existencia de todo un continente al otro lado del mar. De lo contrario, ¿cómo explicar las desmesuradas exigencias que el genovés les impuso a los monarcas antes de emprender un viaje que, supuestamente, la reina consentía aún en contra de la opinión de los sabios de su corte? Sin embargo, por alguna extraña razón, toda una legión de historiadores han preferido no revisar la historia del descubrimiento de América, ignorando, por ejemplo, la controvertida figura de Alonso Sánchez de Huelva y la inquietante "Carta de Cantino".

Una historia que nos conducirá ineludiblemente a los verdaderos sucesos, intrigas y protagonistas que abrieron las rutas al "Nuevo Mundo" y la impactante hazaña de Cristóbal Colón.

Autor: Antonio Las Heras
ISBN: 978-84-9763-285-0

EL SECRETO DE
CRISTÓBAL
COLÓN

La Flota Templaria y el Descubrimiento de América

Las claves de la identidad de Colón, el tesoro perdido de los Templarios, la piratería y el origen de la masonería en América.

David Hatcher Childress

EL SECRETO DE CRISTÓBAL COLÓN

Comenzando en la Edad Antigua, David Hatcher Childress, "aborda" barcos fenicios y de otras civilizaciones e inicia una investigación increíble que llega hasta la Edad Media y el conocimiento de uno de los activos más interesantes y más desconocidos de la popular orden del Temple: su gran flota, comparable a las de las grandes potencias marítimas de la época, Génova y Pisa.

Hatcher Childress revela las asombrosas expediciones de estos navegantes de la Orden religiosa más misteriosa y popular de la historia que pudieron llevarles hasta las mismas costas americanas. Una historia que nos conducirá ineludiblemente a una de las figuras más importantes de la historia, Cristóbal Colón. Una vida sobre la que, sin embargo, todavía quedan muchas incógnitas por resolver. Incógnitas que se multiplican con la investigación de Childress según la cual Colón pudo estar en contacto con los cartógrafos judíos que dos siglos antes servían a la flota del Temple.

Autor: David Hatcher Childress
ISBN: 978-84-9763-231-7

HISTORIA NATURAL DEL
CANIBALISMO

La sorprendente historia de la antropofagia
desde la antigüedad hasta nuestros días.

Manuel Moros Peña

nowtilus
saber

HISTORIA NATURAL DEL CANIBALISMO

Comer carne humana es el último tabú de cualquier sociedad que se precie de ser civilizada. De hecho, a lo largo de los siglos, ha sido un argumento esgrimido para justificar la persecución y conquista de otros pueblos aparentemente menos desarrollados. Sin embargo, por sorprendente que parezca, los recientes descubrimientos paleontológicos apoyan la teoría de que los seres humanos hemos sido devorados por semejantes desde que nuestros primeros ancestros caminaban sobre la Tierra. Lo encontramos desde los tiempos más remotos y en todas las regiones del planeta. Con el paso del tiempo fue desapareciendo en algunas sociedades, mientras que otras lo mantuvieron, consagrándolo y glorificándolo.

Aunque la idea de un ser humano tratando el cuerpo de un semejante como si fuera solo carne repugna, la figura del caníbal produce a la vez una inevitable sensación de fascinación. Es la fascinación por lo diferente, por lo extraño y por lo que se aparta de la norma, innata al género humano y que por lo tanto ha de durar tanto como nuestra propia especie.

Autor: Manuel Moros Peña
ISBN: 978-84-9763-515-8

LA CRUZADA ALBIGENSE
Y EL IMPERIO ARAGONÉS

DAVID BARRERAS

La verdadera historia de los Cátaros,
Jaime I el Conquistador y la expansión
de la Corona de Aragón.

LA CRUZADA ALBIGENSE

Los míticos cátaros no solamente fueron una secta herética cristiana sino que además tuvieron un papel revelador en el devenir del continente europeo. En Occitania aprovecharon la ausencia de un poder laico firme para organizarse en una iglesia totalmente autónoma de la de Roma.

Entonces la Iglesia decidió la mejor manera de acabar con los herejes. Organizó una cruzada contra ellos y permitió que Francia arrasara la región occitana.

En medio de la lucha intestina entre el ambos reinos, la Santa Sede puso orden y trató de imponer la paz, entronizando a Jaime I en el reino de Aragón, que no sólo hizo honor a su sobrenombre de *El Conquistador*, con la toma de Baleares, Valencia y Murcia, sino que además su diplomacia internacional logró mantener las aspiraciones de sus sucesores sobre Occitania y sentó las bases para la expansión mediterránea de la corona y posteriormente de España.

Autor: David Barreras
ISBN: 978-84-9763-365-9

BASADO EN
TESTIMONIOS Y
DOCUMENTOS
CONFIDENCIALES

EL LIBRO
DEFINITIVO DEL

CHE

2ª EDICIÓN

Reginaldo Ustariz

CHE
GUEVARA

Vida, muerte y resurrección de un mito

CHE GUEVARA

Una investigación inédita sobre la vida y muerte del Che, con detalles desconocidos nunca publicados anteriormente, resultado de la experiencia directa del autor, protagonista de la guerra y testigo de excepción de la muerte del Che, los testimonios de amigos y compañeros del líder revolucionario y documentación confidencial del ejército boliviano. El primer libro que narra fotográficamente la gestación de uno de los mayores mitos del siglo XX, mostrando como Ernesto Guevara de la Serna se convierte en "El Che".

El único libro del Che Guevara contado en primera persona por un testigo directo de los hechos. Fruto de una ardua labor de investigación que le ha llevado cuarenta años, y que contiene más de 50 testimonios de compañeros de lucha y amigos de infancia del Che, así como de oficiales y soldados bolivianos e incluye un material fotográfico inédito.

Autor: Reginaldo Ustariz Arze
ISBN: 978-84-9763-415-1